A história para além do humano

A história para além do humano

Ewa Domańska

ORGANIZAÇÃO
Taynna Marino e Julio Bentivoglio

TRADUÇÃO
Taynna Marino e Hugo Merlo

Copyright © 2024 Ewa Domańska

Direitos desta edição reservados à
FGV EDITORA
Rua Jornalista Orlando Dantas, 9
22231-010 | Rio de Janeiro, RJ | Brasil
Tel.: 21-3799-4427
editora@fgv.br | www.editora.fgv.br

Impresso no Brasil | *Printed in Brazil*

Todos os direitos reservados. A reprodução não autorizada desta publicação, no todo ou em parte, constitui violação do copyright (Lei nº 9.610/98).

Os conceitos emitidos neste livro são de inteira responsabilidade dos autores.

1ª edição – 2024

Copidesque: Sandra Frank
Revisão: Estevão de Rezende Martins e Michele Mitie Sudoh
Projeto gráfico de miolo e diagramação: Abreu's System
Capa: Aline Carrer
Imagem da capa: Pascal Rochette, Spinosa (2018)

Dados Internacionais de Catalogação na Publicação (CIP)
Ficha catalográfica elaborada pela Biblioteca Mario Henrique Simonsen/FGV

Domańska, Ewa
     A história para além do humano / Ewa Domańska; organização Taynna
Marino e Julio Bentivoglio. – Rio de Janeiro : FGV Editora, 2024.
     136 p.

     Inclui bibliografia.
     ISBN: 978-65-5652-264-7

     1. História – Filosofia. 2. Historiografia. 3. Humanidades. I. Marino,
Taynna Mendonça. II. Bentivoglio, Júlio César, 1970-. III. Fundação
Getulio Vargas. IV. Título.

CDD – 901

Elaborada por Mariane Pantana Alabarce – CRB-7/6992

Sumário

Agradecimentos.. 7

Apresentação. Teoria da história, Antropoceno
   e pós-humanismo.. 9
Julio Bentivoglio e Taynna Marino

Introdução. Problematizar o humano, questionar a história........ 23

Capítulo 1. A mudança de paradigma..................................... **29**
Novas abordagens para se pensar o passado nas humanidades
   e nas ciências sociais.. 34
O que constitui um paradigma hoje?...................................... 38
A convencionalização das abordagens
   interpretativas-construtivistas... 41
Do textualismo ao (novo) materialismo.................................. 43
Emaranhamento, alternativas planas e a ideia de simetria....... 46
Conclusão.. 49

Capítulo 2. História e pós-humanismo................................... **55**
O que é o pós-humanismo?.. 58
Os historiadores e o pós-humanismo..................................... 62
O pós-humanismo humanista... 69
A história animal como história não antropocêntrica............... 71
Conclusão.. 75

Capítulo 3. História animal.. **81**
O ponto de vista animal.. 82
Agência animal... 86
A historicização de animais e a interdisciplinaridade radical.... 90
A história animal como um subcampo da história: oportunidades
   e desafios.. 93

Nota editorial.. 101

Referências.. 103
Bibliografia selecionada de Ewa Domańska............................... 103
Referências citadas nesta obra... 110

Índice remissivo 131

Agradecimentos

Expresso meus sinceros agradecimentos a Taynna Marino e Julio Bentivoglio por me convidar a publicar no Brasil e por suas contribuições na edição e organização deste volume.

Gostaria de estender minha sincera gratidão a Estevão de Rezende Martins e Thamara de Oliveira Rodrigues por suas generosas contribuições ao escreverem os comentários para o livro. Sinto-me verdadeiramente honrada por contar com seu apoio.

Também sou profundamente grata à Editora Fundação Getulio Vargas por aceitar o livro para publicação. Meus sinceros agradecimentos a Gabriela Klam e Clarissa França por seu excelente trabalho e por terem levado a cabo este projeto.

Este volume não teria sido escrito se não fossem meus amigos e colegas da Argentina, Bolívia, Brasil, Colômbia, Chile e México. Gostaria de aproveitar esta oportunidade para agradecer-lhes sinceramente. Sou excepcionalmente grata a eles por me inspirarem, pelas consultas que com eles fiz e por sua hospitalidade. Sou particularmente grata a Dante Angelo, Patricia Aranha, Guilherme Bianchi, Eduardo Viveiros de Castro, Marcelo Durão Rodrigues da Cunha, Rodrigo Díaz, Júlia Freire, Alejandro Gómez, Héctor Hoyos, María Inés La Greca, Taynna Marino, Álvaro Matute, Hugo Merlo, María Inés Mudrovcic, Estevão de Rezende Martins, Moira Pérez, Gustavo Politis, Marília Librandi-Rocha, Leonardo Velloso-Lyons, Marcelo de Mello Rangel, Santiago Silverio, Verónica Tozzi Thompson, Evelia Trejo, Thamara Rodrigues e Rebeca Villalobos.

8 A HISTÓRIA PARA ALÉM DO HUMANO

Gostaria também de expressar meu profundo apreço a Taynna Marino e Hugo Merlo por seu trabalho árduo de tradução deste livro. Também gostaria de agradecer a Pascal Rochette por conceder permissão para utilizar sua obra de arte *Spinosa* na capa. Gostaria de agradecer a Dipesh Chakrabarty, Paul A. Roth, David Gary Shaw, Marek Tamm, Zoltán Boldizsár Simon e Hayden White, bem como aos revisores anônimos, por seus comentários e sugestões perspicazes que ajudaram a esclarecer alguns pontos dos artigos publicados neste livro.

Também sou muito grata aos meus antigos e atuais alunos de doutorado por seu constante apoio, inspiração e comentários: Gabriela Jarzębowska, Jarek Jaworek, Michał Kępski, Joasia Klisz, Agnieszka Kłos, Jacek Małczyński, Piotr Słodkowski, Mikołaj Smykowski, Monika Stobiecka, Tomasz Wiśniewski e Małgosia Wosińska. Graças a eles, pude me manter em meu estado favorito, aquele de uma pesquisadora que constantemente aprende algo novo, se interessa pelo mundo e continua ávida por conhecimento. Não tem preço a inspiração da qual pude gozar durante nossos seminários doutorais, nos quais muitos dos assuntos em que toco neste livro foram discutidos.

Por fim, gostaria de agradecer a minha família pelo aconchego, intimidade e amor. Vários seres não humanos e sobrenaturais dão vida a este livro, animando-o da primeira à última página. Tudo isso foi excepcionalmente importante para moldar meu pensamento em termos de relações, dependências, parentescos, bem como me levaram a pensar em termos de uma ética da convivialidade, do respeito e da reciprocidade.

Apresentação
Teoria da história, Antropoceno e pós-humanismo

Julio Bentivoglio*
Taynna Marino**

Ser um historiador não é uma escolha de carreira.
É uma escolha existencial.

Hayden White

Ewa Domańska é uma das maiores historiadoras e teóricas da história da atualidade e, indiscutivelmente, vincula-se a uma refinada linhagem de historiadores vanguardistas.[1] Sua destacada atuação na área de teoria da história junto à Universidade Adam Mickiewicz na cidade de Poznań e como professora visitante da Universidade de Stanford nos Estados Unidos tem projetado seus estudos em várias partes do mundo, pois desde os anos 1990 é uma autora que produz pesquisas ousadas e originais, voltadas para o problema da verdade e da representação histórica, do narrativismo e da crítica pós-estruturalista e que, mais recentemente, de forma inovadora e pioneira, tem desbravado caminhos pouco percorridos acerca do antropoceno e do pós-humanismo, despertando enorme interesse sobre seu pensamento e sua obra em diferentes países.

---

* Professor de Teoria e Metodologia da História na Universidade Federal do Espírito Santo. Coordenador do Programa de Pós-Graduação em História (PPGHIS/Ufes). Coordenador do Laboratório de Estudos em Teoria da História e História da Historiografia (Lethis/Ufes).

** Mestra em História pela Universidade Federal do Espírito Santo. Doutoranda na Universidade Adam Mickiewicz, Poznań (Polônia).

[1] Acompanhamos o entendimento de Pedro Silveira e Guilherme Bianchi, que entrevistaram Ewa Domańska para a *HH Magazine* em 2018. Disponível em: <https://hhmagazine.com.br/a-necessidade-de-uma-vanguarda-historiografica-uma-entrevista-com-ewa-domanska/>. Acesso em: 19 jul. 2022.

10 A HISTÓRIA PARA ALÉM DO HUMANO

Não resta dúvida de que seu estilo iconoclasta e questionador, associado a suas intervenções em debates seminais mediante a discussão de temas sensíveis, com erudição e competência, fez com que esta historiadora alinhada nas fileiras da nova filosofia da história, encabeçasse novas perspectivas e abordagens em relação a problemas clássicos ou candentes da teoria da história neste início do século XXI, firmando-se como uma leitura obrigatória para todos os interessados em conhecer melhor as fronteiras nas quais é travado o debate teórico contemporâneo. Tudo isso permite dizer que Ewa Domańska, ao lado dos cientistas sociais renomados, como Krzysztof Pomian, Witold Kula, Jerzy Topolski, Bronislaw Gemerek, Adam Przeworski ou Bronislaw Baczko, já pode ser considerada, sem dúvida alguma, como uma das mais importantes entre os historiadores poloneses de todos os tempos.

Graduada no Instituto de História da Universidade Adam Mickiewicz em Poznań, Domańska também obteve lá seu doutorado em história em 1995 sob a orientação de Jerzy Topolski. Entre os anos de 1992 e 1993, fez um estágio de pesquisa sob a supervisão de Frank Ankersmit, na Universidade de Groningen, Países Baixos. Logo após sua defesa, Domańska recebeu uma bolsa de pesquisa Fulbright para prosseguir com seus estudos de pós-doutorado em colaboração com Hayden White na Universidade de Califórnia em Berkeley, Estados Unidos. Desde 2002, Domańska coopera com a Universidade de Stanford onde, ao longo dos anos, foi afiliada ao Departamento de Antropologia, Centro de Arqueologia e Departamento de Francês e Italiano (semestre de primavera). Desde 2009, ela é também afiliada ao Centro de Estudos Russos, da Europa Oriental e da Eurásia (CREEES) na Universidade de Stanford. Em 2018, tornou-se professora titular de humanidades em sua universidade natal. Seus estudos inauguraram perspectivas renovadas para se pensar a relação entre as ciências humanas, as ciências naturais e a teoria da história mediante a defesa de um campo epistêmico mais amplo e integrador da vida, vinculado às pós-humanidades, que ela passou a intitular humanidades ecológicas ou bio-humanidades.

Autora de livros e artigos diferenciados que buscam incorporar o que há de mais recente nas áreas das ciências humanas e sociais,

APRESENTAÇÃO **11**

Ewa Domańska é membro da Comissão Internacional de História e Teoria da Historiografia – que presidiu entre 2015 e 2022 –, membro correspondente da Academia Polonesa de Ciências (PAN) e chefe da Comissão de Teoria, História da Historiografia e Metodologia da História (Comitê de Ciências Históricas da Academia Polonesa de Ciências). Entre os anos 2014 e 2016, foi também integrante do Conselho do Programa Nacional de Desenvolvimento de Humanidades na Polônia.

Interessada em tendências não convencionais da pesquisa histórica, Ewa Domańska tem produzido importantes reflexões que tangenciam a história pós-colonial e decolonial, com ênfase em seus aspectos materiais e ambientais, destacando a relação entre as espécies biológicas e o lugar do não humano na história, sempre pautada por uma perspectiva crítica não antropocêntrica. Seus estudos também são profundamente orientados por uma abordagem multidisciplinar, voltados para a construção de um conhecimento do passado que não perde de vista a realidade concreta, procurando ultrapassar as aporias do narrativismo e do pós-estruturalismo linguístico. Com uma abordagem que rompe com as tradicionais barreiras entre os campos do saber, Domańska tem aproximado a História da antropologia, arqueologia, ciência forense, biologia e artes, produzindo estudos no campo que ela denomina humanidades ecológicas.[2] Não por acaso, muitos de seus trabalhos e cursos ministrados conferem um lugar especial aos genocídios e ecocídios praticados ao longo da história.

Com uma abordagem sempre característica, Ewa Domańska defende que as correntes pós-modernistas e sua influência no pós--estruturalismo se esgotaram já em meados de 2001 – uma referência simbólica ao 11 de setembro –, devendo ser analisadas não mais como atuais e sim como uma parte e um passado no interior da história das humanidades. Um passado que, embora ainda tenha adeptos ou produza efeitos, não deve mais guiar os estudos históricos no futuro.

---

[2] John Zammito é um dos precursores nessa direção. Ver seu artigo "Rumo a um historicismo robusto: prática histórica em um ambiente pós-positivista" *(2009)*. Ver também Zammito (2004).

12 A HISTÓRIA PARA ALÉM DO HUMANO

Face às transformações do que de fato significa ser humano, é preciso considerarmos como o conhecimento tem se desenvolvido e se modificado juntamente com a evolução das espécies. A transição para uma história pós-humana "marca uma situação paradoxal, na época do Antropoceno, da produção de um conhecimento não antropocêntrico do passado como um instrumento de segurança para a adaptação" (Domańska, 2011:59). Diante de novas abordagens, novos atores históricos e novas formas de narrativas históricas, aquela historiadora passou a defender que práticas alternativas e uma concepção alternativa de história teriam se aberto para historiadores e historiadoras neste início do século XXI. Em suas palavras,

> no contexto das pós-humanidades emergentes, é fundamental que estudemos abordagens relacionadas com o pós-modernismo a partir de uma perspectiva histórica, tratando seus heróis (Foucault, Derrida, Lyotard, Geertz, Said e White na teoria da história) não como autoridades *avant-garde* para futuras pesquisas, mas como clássicos do gênero. Esses pensadores e suas metodologias devem ser historicizados e contextualizados [Domańska, 2013:12].

Para ela, a crítica pós-estruturalista e a virada linguística deram sua contribuição às ciências sociais, mas provavelmente foram longe demais ao perder de vista a materialidade do real. Ou seja, para além dos discursos e das representações seria um equívoco desprezar a realidade em si, o aqui e agora efetivo, que também é um horizonte e uma referência angular obrigatórios, ao lado dos sentidos e das narrativas. Em *The material presence of the past*, Ewa Domańska já havia reivindicado um retorno às coisas criticando a hegemonia do estudo de representações nos estudos históricos (Domańska, 2006). Como comentaram Guilherme Bianchi e Pedro Telles da Silveira,

> Domańska articulava estratégias para atravessar o pesado fardo da representação na historiografia, tentando revitalizar uma abordagem não centrada unicamente em métodos semióticos ou discursivos, mas

APRESENTAÇÃO **13**

capaz de oferecer uma via de acesso à materialidade do passado. Um "Retorno às coisas" (título de outro texto do mesmo ano) possibilitaria o enfrentamento desse problema a partir da consideração dos "não humanos" (objetos, animais, plantas) como agentes históricos [Domańska, 2018b].

Depois de seus passos iniciais guiados pela nova filosofia da história de Hayden White e posterior dedicação ao debate travado com o pós-estrutualismo, Domańska passou a se interessar pela crítica ao antropocentrismo e ao eurocentrismo e pelo processo de potencial "desistoricização" do passado. Não resta dúvida sobre o impacto sofrido pela influência dos trabalhos de Eduardo Viveiros de Castro com seus estudos sobre o pensamento e as cosmologias indígenas, reorientando as reflexões daquela historiadora rumo a uma antropologia ecológica (Domańska, 2019), destacando a existência de uma importante fissura no projeto ocidental da modernidade devido à centralidade e aos excessos do racionalismo e secularismo europeus, voltando-se para perspectivas indígenas – dos antigos *povos primitivos* –, na qual destaca consciências, pensamentos e práticas multiespécies mais plurais e integradoras, projetando ecoutopias para o futuro. Segundo ela,

este interesse pela utopia está relacionado com minha profunda convicção de que os historiadores devem ser mais orientados para o futuro. Nos últimos anos, temos estado tão sobrecarregados com as discussões sobre memória e trauma, e envolvidos nas chamadas humanidades militantes ou emancipatórias, totalmente presentistas e críticas de tudo, que acabamos colocando o futuro de lado. Agora há uma tendência para recuperar o futuro e criar vários cenários para ele [Domańska, 2018b].

Ainda assim, a autora destaca que essa virada à utopia

não é uma questão de privilegiar ideias ingênuas de reconciliação e consenso, mas sim o caso de se concentrar em fenômenos positivos [...]

14 A HISTÓRIA PARA ALÉM DO HUMANO

que poderiam indicar formas de viver juntos em conflito [Domańska, 2018a:26].

Nesse novo direcionamento conferido à carreira, passou a empreender de forma contundente uma crítica ao antropocentrismo, voltando cada vez mais seu interesse sobre a vida biológica e suas conexões com o humano. Uma aproximação que a fez pensar de forma mais radical a existência e a participação do animal e do não humano na história, ampliando um espaço importante de pesquisa científica das humanidades voltado para abordagens não antropocêntricas. Não resta dúvida do quanto sua perspectiva crítica do Antropoceno foi marcada pela leitura, por exemplo, de Dipesh Chakrabarty. Ela mesma revela que o artigo "The climate of history: four theses":

> reflete sobre o colapso da velha distinção humanista entre história natural e a história humana. Chakrabarty afirma que podemos traçar o seu início com a Revolução Industrial, mas só recentemente, na segunda metade do século XX, nos tornamos "agentes geológicos", ou seja, os seres humanos tornaram-se uma força da natureza, tendo um enorme impacto sobre o planeta em uma escala geológica. Ele propõe que os historiadores deveriam falar mais sobre as espécies (e sua extinção em massa) [Domańska 2010:120].

Para essa compreensão radical dos vínculos existentes entre as espécies, Domańska retoma o mundo da vida, mas agora desprovido da centralidade da razão e do humano, pensando em instintos, naturezas e comportamentos ecobiológicos como constituidores do real. Isso explica sua adesão a um projeto radicalmente interdisciplinar que reivindica formas mais intensas de cooperação entre as humanidades, as ciências sociais e as ciências da vida, ou ainda entre as ciências naturais, as ciências cognitivas e as neurociências. Para Ewa Domańska, um novo paradigma teria se inaugurado nas humanidades, desde meados dos anos 1990, inspirado pela biologia e pelos avanços da tecnologia, e sua

APRESENTAÇÃO **15**

principal tarefa tornou-se o combate contra a centralidade histórica e epistemológica do homem europeu no pensamento ocidental.

O que eu chamo aqui de antropocentrismo é a atitude que apresenta a espécie humana como o centro do mundo, desfrutando de hegemonia sobre os outros seres e funcionando como senhores de uma natureza que existe para servir às suas necessidades. Esta atitude conduz ao especismo (atribuição de valores ou direitos diferentes aos seres com base na sua pertença à espécie) e está relacionada com o tipo de discriminação que é praticada pelo homem contra outras espécies. Idealmente, um paradigma não antropocêntrico procura descentrar os seres humanos e concentrar-se nos não humanos como objetos de investigação (muitas vezes independentemente das suas relações com os seres humanos) [Domańska, 2013:10].

A partir da identificação desse novo paradigma dentro das humanidades, Ewa Domańska propõe uma nova agenda de pesquisa denominada "humanidades não antropocêntricas" ou pós-humanidades, que podem ser definidas como

um conjunto institucionalizado de tópicos de pesquisa, técnicas e interesses que deriva seu *ethos* do movimento intelectual e postura ética chamado de pós-humanismo. Esta postura ética pode ser entendida como uma variedade de abordagens que reaviva o legado das ciências humanas após o humanismo, buscando linhas não antropocêntricas ou antiantropocêntricas de investigação [Domańska, 2013:10].

Ewa Domańska sublinha a inadequação das reflexões tradicionais existentes em relação aos problemas globais contemporâneos, defendendo que novas teorias fossem constituídas para dar conta das preocupações e das práticas históricas efetivas de um mundo cuja realidade histórica e epistemológica havia alijado de si seus componentes não humanos e se aberto para perspectivas não europeias de orientação e sentido. Para ela, marxismo, historicismo ou pós-estruturalismo seriam

16 A HISTÓRIA PARA ALÉM DO HUMANO

paradigmas que desprezaram esse conteúdo não humano e estariam demasiadamente comprometidos com a racionalidade europeia moderna. Ela tem clareza da dificuldade de se pensar o pós-humanismo, haja vista não existir uma corrente homogênea ou um conjunto articulado de reflexões a esse respeito. Afinal, são muitos os objetos e variadas as orientações que guiam os estudos incluídos neste tipo de abordagem, como pode ser visto em alguns trabalhos mais representativos.[3] Mais uma vez, acompanhando Chakrabarty, Ewa Domańska entende que a crise planetária atual e sua relação com a história da humanidade não poderiam ser compreendidas somente por meio das teorias da globalização, da análise marxista do capital, dos estudos subalternos ou da crítica pós-colonial.

Desde seus primeiros passos nos estudos históricos, informada pela nova filosofia da história de Hayden White, a obra de Ewa Domańska adquiriu um sentido vigoroso de contemporaneidade. Sintonizada com seu tempo, mas com os olhos voltados para o futuro, ela é uma historiadora que vê criticamente a realidade sendo fragmentada ou recortada em análises não integradoras, valorizando-se micronarrativas e micro-histórias que perderam de vista os grandes problemas e as questões globais da humanidade vinculadas ao destino e à história do próprio planeta. O tempo desses estudos monográficos talvez tenha alcançado seu limite. Para ela, é chegada a hora de retomarmos uma história mais integradora e global, mais pós-humanista e atenta aos desafios do Antropoceno, cujo impacto na vida biológica tem sido devastador para muitas espécies e para a Terra. Ao reconhecer o lado não humano da história, que se relaciona em termos de simbiose com a humanidade e a própria história (vejam-se os episódios marcantes de epidemias, hecatombes e afins), Domańska não pretende eliminar o ser humano dos estudos do passado, mas tirar dele a centralidade histórica, arqueológica e antropológica, acompanhando Andrew Pickering. Afinal, para ela, trata-se de

---

[3] Cf. Badmington (2007); Wolfe (2010).

APRESENTAÇÃO **17**

ir além dos debates sobre narrativa histórica, representação histórica, e, de modo geral, as relações entre texto e realidade passada, debates que predominaram na teoria histórica a partir de meados da década de 1960 até meados da década de 1990. Eu proponho que é hora de desafiar e transcender a abordagem específica do passado chamada de História, entendida como "a ciência dos homens no tempo" (Marc Bloch) e não é só eurocêntrica e falocêntrica, mas, acima de tudo, de caráter antropocêntrico. Nossa reflexão sobre o passado deve se estender a esses seres não humanos que foram recentemente estudados por várias disciplinas. Hoje, com o desenvolvimento da historiografia insurrecional e militante, coisas, plantas e animais não humanos, também devem ser incorporados à História como algo diferente de receptores passivos de ações humanas [Domańska, 2013:16].

Segundo Domańska, seria preciso estabelecer uma relação entre o humano e o não humano com base em uma abordagem não antropocêntrica a partir de uma ontologia e epistemologia relacional, inspirada em Bruno Latour, especialmente em sua teoria do ator-rede.[4] Incorporar à história atores e objetos estranhos em sua interação permanente com o humano, algo que as teorias do passado (semiótica, psicanálise, teorias do discurso, pós-estruturalismo, hermenêutica etc.) teriam sido incapazes de resolver, significa desmantelar as oposições binárias entre orgânico e inorgânico, natural e artificial, real e ficcional, natureza e cultura, humano e não humano.

Seu projeto radical, que de certo modo se aproxima ao de Giorgio Agamben (2004:37), é o de pensar uma antropogenética ou "máquina antropológica". Em outras palavras, reaproximar as ciências humanas das naturais. Para coroar esse objetivo, em seus últimos estudos Ewa Domańska tem trabalhado com a necropolítica histórica, dialogando com a perspectiva forense, ao problematizar, por exemplo, a exumação de cadáveres em Jedwabne e em Hiroshima, os corpos dos judeus no Holocausto, os restos dos carbonáceos ou dos diamantes de memória

---

[4] Cf. Latour (2005).

18 A HISTÓRIA PARA ALÉM DO HUMANO

da LifeGem e o canibalismo nos Gulags. Segundo ela, existe a necessidade de se ir além do discurso do trauma e discutir seriamente o futuro da humanidade, algo que envolve, obrigatoriamente, repensar o lugar e o papel da morte. Tal é o projeto que surge em seu último livro *Nekros*, inspirado em uma ciência holística e transdisciplinar que investiga a ausência e o fim do humano. Para isso, pergunta-se: o que seria um corpo morto? Qual sua relação com a vida? Como pensar sua existência e seu lugar num universo multiespécies? Em suas palavras,

um corpo humano morto e restos mortais são importantes e valiosos, não tanto por causa da pessoa cujos restos mortais representam ou devido ao que deles pode ser feito (por exemplo, um diamante memorial, obras de arte, plastinato, relíquias) ou ainda suas utilizações em função de um sentido simbólico e material (por exemplo, política histórica, rituais religiosos, bem como transplantes, material genético, autópsias, experiências médicas). Para as considerações aqui realizadas, o mais importante é que, na perspectiva de uma duração muito longa (*deep history*), que é essencial, em um sentido orgânico (composição elementar), os restos mortais são necroindicadores de um ser humano – uma forma de vida baseada em carbono – e indicam sua habitação na Terra com sua decomposição influenciando a composição química da terra, água e ar. [...] Nesse sentido, carne em decomposição, detritos, ossos, cinzas são um tipo de pessoa (muitas vezes um coletivo) e podem ser considerados agentes. Portanto, pode-se dizer que depositar os restos no solo (um corpo ou cinzas) o "humaniza", mas na abordagem aqui proposta, por humanização entendo o processo de misturar restos em decomposição com outros materiais orgânicos e inorgânicos, que acontece, entre outras coisas, no processo de humificação e mineralização (apodrecer), resultando em uma forma específica da existência [Domańska, 2017:66-67].

Para além dos sentidos e das representações, existe a vida; para além do humano, existem outros seres e coisas. Assim, para Ewa Domańska, toda existência é relacional e inseparável da morte e de seu

APRESENTAÇÃO **19**

fundamento material, posto que todo ser é real, concreto e dinâmico, estando em um constante processo de integração e transformação com a natureza e o planeta. Ou seja, existem conexões que envolvem tudo com seus vínculos materiais, de forma expressiva e visceral. *Nekros*, portanto, seria a transcendência do humano e do não humano, uma metacomunidade, uma ontologia do devir e do ser substancial, do orgânico e do inorgânico, do que está morto e vivo ao mesmo tempo (Domańska, 2017:17).

Em resumo, pode-se dizer que as variadas frentes de pesquisa de Ewa Domańska enfatizam abordagens mais plurais e transdisciplinares e combinam análises não convencionais para se estudar o passado. Interessada no potencial crítico e emancipatório das humanidades ecológicas, seus estudos mais recentes voltam-se para histórias insólitas e necro-humanidades, enfatizando historiografias mais plurais e periféricas. Resultados nessa direção, indiscutivelmente, são algumas de suas obras mais atuais, como *Histórias não convencionais*, de 2006; *História existencial,* de 2012 ou ainda *Nekros* de 2017. Neste último livro, Domańska tenta desestetizar o pensamento sobre o corpo morto, evitando a tendência em abjetificar ou sublimar os restos humanos, apresentando uma tentativa ousada de pensar outra abordagem possível para a morte. Todos eles são testemunhas de sua original contribuição às humanidades polonesas e à pesquisa em ciências sociais mundiais, sobretudo em relação aos estudos sobre o Holocausto.

Os projetos de pesquisa de Domańska de resgate histórico e das humanidades afirmativas forneceram uma chave mais geral destinada a superar o ceticismo prevalecente da pós-modernidade (Domańska, 2018b:26). O termo "afirmativo" voltava-se para o empoderamento dos sujeitos e das comunidades envolvidos em seus estudos a fim de se tornarem um conjunto de conhecimentos aplicados à vida participativa e democrática que, ao fim e ao cabo, procuravam se integrar a uma ética global histórica. Segundo Ewa Domańska:

dadas as mudanças que estão ocorrendo nas Ciências Humanas e Sociais contemporâneas com o surgimento de um paradigma que

20 A HISTÓRIA PARA ALÉM DO HUMANO

leva o título provisório de pós-antropocentrismo e pós-europeísmo, [tentei] em um artigo programático sobre "História do resgate", em primeiro lugar, formular uma definição dos princípios, objetivos e funções do resgate da história como resposta aos desafios colocados por essas mudanças e, em segundo lugar, dar voz às "periferias", que procuram cada vez mais se manifestar como importantes centros de produção de conhecimento [Domańska, 2018b].

Desde 2009, Domańska, juntamente com seus ex-alunos de doutorado, Agnieszka Kłos, Jacek Małczyński e Mikołaj Smykowski, desenvolveu o conceito de uma "história ambiental do Holocausto". O foco central desse projeto é investigar os espaços pós-campo aplicando a perspectiva ecológico-necrológica desenvolvida em *Nekros*.[5]

Como se vê, Ewa Domańska procurou descolonizar as humanidades polonesas, defendendo a resistência epistêmica ao recusar o tratamento instrumental de teorias construídas nos centros de produção de conhecimento usados como "caixas de ferramentas" prontas para serem transplantadas para supostas "periferias epistêmicas". Outro mérito digno de nota em sua trajetória foram as traduções, coletâneas e obras que organizou, como a tradução de três obras de Hayden White, uma de Frank Ankersmit e os clássicos da micro-história de Emmanuel Le Roy Ladurie, Natalie Zemon Davis e Robert Darnton, trabalhos que contribuíram significativamente para radiografar a condição das humanidades polonesas depois de 1989, colocando o campo em diálogo com tendências internacionais.

Para finalizar, os leitores conhecerão neste livro um pouco da faceta historiográfica singular de Ewa Domańska. Nele estão presentes os aspectos essenciais aqui discutidos e que orientam seu trabalho de pesquisa: a ideia de construir um conhecimento holístico e relacional do passado que preze pela coexistência e cooperação entre espécies, culturas acadêmicas e modos não ocidentais de saber e conhecer; uma compreen-

---

[5] O resultado desta colaboração foi publicado no dossiê do *The Journal of Genocide Research*, v. 22, n. 2, 2020.

são das humanidades e da história como formas de conhecimento ativas e capacitadoras de sujeitos históricos conscientes de seu papel ético e político; sua abordagem trans e multidisciplinar que pretende articular o campo científico, fundindo ciências, metodologias e saberes variados, com vistas à construção de pontes entre as diversas culturas acadêmicas e saberes práticos; ou ainda sua proposta futuro-orientada, que reflete as mudanças em curso no presente para repensar uma historiografia que não se defina mais pelas críticas mas por formas alternativas de se relacionar e conhecer o passado em termos globais e planetários.

Obras citadas nesta apresentação

AGAMBEN, Giorgio. *The open*: man and animal. Stanford: Stanford University Press, 2004.

BADMINGTON, Neil. *Posthumanism*. Nova York: Palgrave, 2000.

DOMAŃSKA, Ewa. The return to things. Trad. Magdalena Zapedowska. *Archaeologia Polona*, v. 44, p. 171-185, 2006.

_____. Beyond anthropocentrism in historical studies. *Historein: a Review of the Past and Other Stories*, v. 10, p. 118-130, 2010.

_____. Non-anthropocentric knowledge of the past in the anthropocene era. *Norwegian Archaeological Review*, v. 44, n. 1, p. 131-132, 2011.

_____. Para além do antropocentrismo nos estudos históricos. *Revista Expedições: Teoria da História & Historiografia*, v. 4, n. 1, p. 9-25, 2013.

_____. *Nekros*: wprowadzenie do ontologii martwego ciała. Warsaw: Wydawnictwo Naukowe, 2017.

_____. *Affirmative humanities*. Trad. Paul Vickers. *Dějiny – teorie – kritika*, n. 1, p. 9-26, 2018a.

_____. A necessidade de uma vanguarda historiográfica: uma entrevista com Ewa Domanska. Entrevistadores: Guilherme Bianchi e Pedro Telles da Silveira. *HH Magazine: humanidades em rede*, Ouro Preto, 2018b. Disponível em: <https://hhmagazine.com.br/a-necessidade--de-uma-vanguarda-historiografica-uma-entrevista-com-ewa--domanska/>. Acesso em: 19 jul. 2022.

_____. History, anthropogenic soil and unbecoming human. Trad. Eliza Rose. In: DUBE, *Saurabh*; SETH Sanjay; SKARIA, Ajay (Org.). *Dipesh Chakrabarty*: global south subaltern studies, postcolonial perspectives, and the Anthropocene. Londres: Routledge, 2019. p. 201-214.

LATOUR, Bruno. *Reassembling the social*: an introduction to actor-network--theory. Oxford: Oxford University Press, 2005.

MIAH, Andy. A critical history of posthumanism. In: GORDIJN, Bert; CHADWICK, Ruth (Org.). *Medical enhancement and posthumanity*. Dordrecht: Springer, p. 71-94, 2007.

WOLFE, Cary. *What is posthumanism?* Minneapolis: University of Minnesota Press, 2010.

ZAMMITO, John. *A nice derangement of epistemes*: post-positivism in science studies from Quine to Latour. Chicago: University of Chicago Press, 2004.

_____. Post-positivist Realism: Regrounding Representation. In: PARTNER, Nancy; FOOT, Sarah (Org.). *Handbook of historical theory*. Londres: Sage, 2013, p. 401-423.

Introdução

Problematizar o humano, questionar a história

O que está em jogo nas discussões sobre a história para além do humano são duas categorias fundacionais da história enquanto produto das culturas greco-romana e judaico-cristã que estão no núcleo de sua abordagem do passado: os humanos (antropocentrismo) e a historicidade. A filosofia da história tem dificuldades em oferecer novas maneiras de conceitualizar esse problema por conta do fato de ela mesma, enquanto campo do conhecimento, constituir um elemento do mesmo sistema de pensamento, conhecimento e valores que o antropocentrismo (uma manifestação extrema do humanismo) e a historicidade (a crença de que a história/temporalidade são estruturas universais da existência humana). Talvez, então, encontremo-nos em uma situação em que o passado histórico (o passado criado pelos historiadores) não é mais capaz de prover cenários apropriados para o futuro. Parece, portanto, necessário um movimento intelectual que exige não apenas uma crítica, mas também uma transformação fundamental ou mesmo um abandono das visões de mundo, humanidade e conhecimento que forneceram as fundações da cultura europeia por séculos. Muito está em jogo, portanto, nessas discussões que buscam fortalecer a tendência de pôr em dúvida a autoridade e o domínio da cultura europeia ao redor do mundo. (Note a significativa virada na reflexão histórica "de White a Chakrabarty" ou "de *Metahistória* a *Provincializing Europe*"). Já faz muitos anos que esse processo se tornou evidente em várias esferas da experiência, incluindo economia, cultura e cultura acadêmica. Trata-se de um processo irreversível. Portanto, defendo que uma redefinição futuro-orientada do humano deve transcender as categorias limita-

24 A HISTÓRIA PARA ALÉM DO HUMANO

das que emergiram junto à estrutura da história, aqui compreendida como uma abordagem eurocêntrica do passado enraizada na tradição greco-judaico-cristã.

Ainda assim, na minha prática diária de pesquisa e ensino, permaneço leal à minha disciplina e defendo sua autonomia. Acredito que a história ainda tem um papel importante no mundo. Essa minha atitude deriva da minha origem na Europa centro-oriental, onde ser humano significou lutar por reconhecimento enquanto sujeito sob as condições desumanizantes dos regimes totalitários do nazismo e do stalinismo. Além disso, estou cada vez mais incomodada com os sistemas digitais de *profiling* e vigilância, uma vez que esses processos deixam claro que existe um lado perverso da democratização que acompanha a disseminação de tecnologias digitais – a saber, a descentralização do humano e a emergência do que Shoshana Zuboff (2021) chamou de capitalismo de vigilância. Sempre que menciono a crítica ao paradigma antropocêntrico, tenho em mente essas importantes experiências históricas que, em última instância, legitimam a injustiça, a desumanização e o controle. Portanto, frequentemente tenho dúvidas se, e em quais contextos, promover ou não o pós-antropocentrismo e questionar o excepcionalismo humano é eticamente apropriado e responsável. É evidente, no entanto, que o atual estado do mundo e, em particular, os problemas causados por desastres antropogênicos (socionaturais) dão indícios do quão necessário é neutralizar (ou até mesmo substituir) uma história alimentada pelo conflito e por uma ideologia do progresso centrada nos humanos e em seus interesses com um conhecimento do passado mais amplo, holístico e inclusivo. Tal abordagem enfatizaria a coexistência e codependência de várias formas de vida, sendo a reflexão histórica apenas uma parte dessa forma de conhecimento. Em minhas reflexões teóricas, não estou, portanto, interessada em reformar a história, mas em formular uma alternativa à história (que possa incluir elementos do pensamento histórico). Dessa maneira, busco inspiração nas artes (em sentido amplo), nas ciências da vida e nos conhecimentos indígenas, os quais não trato como sistemas de pensamento radicalmente outros (ou mesmo contraditórios). Em vez disso, considero-os no âmbito de uma concepção pluralista e não hierárquica do conhecimento. Também me questiono quais elementos da história/pensamento histórico vale a pena preservar para as abordagens do passado que surgirão no futuro. A humanidade é questão de gradação. É possível ser mais ou menos humano no sentido cultural ou social, bem como no biológico. Ocupo--me de herdar e/ou construir uma identidade não apenas em termos de pertencimento (ou identificação) a (com) uma dada comunidade (família, grupo étnico ou nação), mas também a (com) a espécie. Faço o esforço e condiciono a mim mesma a ser uma boa representante da única espécie humana existente – *Homo sapiens sapiens*. Frequentemente reflito sobre os contextos em que minha identidade de espécie é mais importante para mim do que outras categorias de diferenciação, produzidas pela mente humana e com as quais me acostumei, como sexo/gênero, raça e etnia. Pergunto a mim mesma: Eu quero ser humana? Eu tenho orgulho de ser humana? Se eu tivesse escolha, continuaria a ser humana ou preferiria encarnar em outra forma de vida?

Quando me ocupo dos conceitos fundamentais do pensamento histórico, tais como "humano", "antropocentrismo" e "historicidade", parto da afirmação de Audre Lorde que diz que "as ferramentas do senhor nunca derrubarão a casa-grande" (Lorde, 2019:137). Argumento de maneira análoga que a filosofia da história, que emergiu das humanidades, não pode nos prover com as ferramentas necessárias para uma reavaliação radical dessas mesmas ferramentas. Como Lorde nos diz, teorias contemporâneas produzidas no âmbito de uma cultura racista e sexista, mesmo que adotem uma postura crítica em relação a esta, não são capazes de transformá-la fundamentalmente. A própria ideia do pensamento histórico, o modo como ele é entendido e criticado, constitui um elemento de uma cultura e uma visão de mundo particulares, de uma forma de pensar e de uma tradição que marcam os limites do campo das críticas e compreensões potenciais. É claro que essa não é uma ideia nova. De todo modo, a afirmação acima corrobora o argumento pós-colonial de que embora a história (e as humanidades europeias em geral) possa estar se abrindo para modos não europeus de abordar o passado, usando-os para construir histórias

26 A HISTÓRIA PARA ALÉM DO HUMANO

alternativas, ela permanece incapaz de construir uma alternativa à história e formas inusuais de conhecer o passado (Nandy, 1995:53).

É, portanto, impossível desconstruir a história enquanto uma maneira particular de abordar o passado, inclusive seu imaginário, do qual fazem parte antropocentrismo, secularismo, racionalismo cartesiano, objetivismo, verdade, progresso e teleologia, aplicando as categorias a que ela deu origem. Mesmo vertentes contemporâneas como a história pós-colonial, a história de gênero, a história ambiental e a história animal são incapazes disso uma vez que são parte do mesmo construto. Elas podem ajudar a repensar a história e fazer uma crítica a ela, mas permanecem inscritas em seu *design*.

Reconhecer esses limites não implica, é claro, negligenciar ou mesmo abandonar as reflexões conduzidas dentro da estrutura do discurso histórico existente ou o uso conveniente das ferramentas do senhor. Do contrário, é o caso de expandir nosso escopo de pensamento identificando e analisando os tipos de conceitos-ponte,[1] novas tendências, abordagens transculturais e campos emergentes que criam espaço para construir alternativas à história. Seguindo o conselho de Bruno Latour, eu diria que é necessário buscar tais objetos de estudos que estão "tanto quanto possível aptos a retrucar o que é dito sobre eles, a ser tão desobediente quanto o possível ao protocolo e capazes de levantar seus próprios questionamentos em seus próprios termos e não naqueles de cientistas cujos interesses eles não partilham!" (Latour, 2000:116). Neste curto livro, a história animal serve como um desses objetos de pesquisa "desobedientes", que me provocou a buscar categorias analíticas e modelos de interpretação além das teorias que estão, em termos heideggerianos, "à mão".[2]

Vale a pena enfatizar a essa altura que, assim como Catherine Malabou, estou interessada em transformações no sentido de mor-

---

[1] N do T: Tradução literal do termo *bridging-concept*.
[2] N do T: no original, *ready-to-hand*. A referência aqui é ao conceito heideggeriano de *Zuhandenheit*. Nas edições brasileiras o conceito é traduzido de diferentes maneiras ["manuseabilidade", "ser à mão"]. Optamos por traduzir o conceito de maneira mais livre para não comprometer a compreensão do trecho.

INTRODUÇÃO **27**

fose, mutações e metamorfose.[3] Aqui, no entanto, não conduzirei a desconstrução na direção do novo materialismo e não utilizarei a ideia de plasticidade que Malabou desenvolveu em referência a Hegel e a uma reinterpretação da filosofia de Heidegger como uma "ontologia da metamorfose", por um lado, e à ideia de neuroplasticidade, por outro.

Do contrário, à luz do que esbocei anteriormente, argumento que apesar de a filosofia e do conhecimento científico que emergiram no contexto europeu possibilitarem, sim, reinterpretações dos conceitos fundamentais do pensamento histórico, eles são "apenas" (mais ou menos radicalmente) reinterpretações; e que, como tais, não permitem transcender a história enquanto abordagem dominante do passado como busco alcançar.

Isso nos leva à pergunta: Por que devemos construir uma alternativa à história e "desistoricizar" o passado? Poderíamos, é claro, voltarmo-nos de novo aos argumentos presentes na teoria pós-colonial para demonstrar que a história é um tipo de empreendimento colonial e que ela contribuiu (e continua a contribuir) para legitimar várias formas de violência e exploração, ao mesmo tempo que restabelece barreiras entre culturas, nações e civilizações. Talvez valha a pena mencionar a sugestão de Richard Rorty (1991:1) de que não devemos "ver o conhecimento como uma tentativa de entender a realidade corretamente, mas como um esforço de adquirir hábitos de ação para lidar com a realidade".[4] Talvez seja exatamente desse tipo de abordagem

---

3 Esse interesse torna-se base da pesquisa apresentada em meu livro *Nekros: wprowadzenie do ontologii martwego ciała* (Domańska, 2017). Malabou (2012:17-18) afirma que "devemos encontrar uma maneira de pensar uma mutação que envolva tanto a forma quanto o ser, uma nova forma que é literalmente uma forma de ser. Mais uma vez, a metamorfose radical que estou tentando pensar aqui é bem e verdadeiramente a fabricação de uma nova pessoa, uma nova forma de vida, sem nada em comum com uma forma precedente". [N. do. T: O texto de Malabou encontra-se traduzido para o português. Ver: Malabou (2014)]. Vale a pena frisar que, na visão de Malabou, plasticidade não é o mesmo que a elasticidade associada com a mudança aparente ou com a flexibilidade, a rápida mas superficial adaptação típica da ideologia neoliberal. Nesse sentido, mutações constituem uma forma de conformidade necessária, dobrando-se de acordo com um sistema e, portanto, são símbolo maior da submissão. Ver também Malabou (2010).

4 N. do T.: No original *"view knowledge as a matter of getting reality right, but rather as a matter of acquiring habits of action for coping with reality"*. O que é importante nesse contexto

28 A HISTÓRIA PARA ALÉM DO HUMANO

pragmática – isto é, que envolve adquirir conhecimento prático sobre como lidar com problemas – que precisamos agora na filosofia da história e em nossos esforços para entender o conhecimento histórico no encontro com uma realidade que frequentemente não compreendemos, com a qual temos dificuldade de lidar e contra a qual geralmente nos encontramos impotentes. É necessário considerar se estamos de fato capacitados a desenvolver tais ferramentas analíticas e categorias interpretativas cuja eficácia é medida não por sua precisão em descrever, explicar ou representar um determinado objeto, nem mesmo pela eficácia das mudanças que elas inspiram, mas por sua habilidade em criar e expandir a imaginação (não apenas a histórica).

Como o biólogo Valentí Rull nos lembra, a extinção é um processo evolutivo natural. Ela pode ocorrer não apenas como o resultado de alguma catástrofe ambiental massiva ou de vírus mortais, mas também por meio de pseudo-extinções evolutivas por meio de hibridismo (duas espécies interférteis morrem, deixando para trás descendentes), anagênese (quando uma espécie se transforma em outra), ou cladogênese (quando uma espécie divide-se em duas espécies relacionadas). Caso algum tipo de espécie pós-humana surgisse por anagênese ou cladogênese, um ramo da árvore filogenética da espécie seria preservado (Rull, 2009). No tempo em que a história não desafia apenas o passado, treinemos nossa imaginação e exploremos vários mundos potenciais, habitados por várias espécies descendentes de *Homo sapiens* ou onde ser humano é uma questão de escolha.

é o projeto de uma abordagem pragmática à filosofia da história, ou uma filosofia da história pragmática, assim como proposto por Verónica Tozzi Thompson. Ver: Tozzi Thompson (2012; 2016). Ver também Grigoriev e Piercey (2019).

Capítulo 1
A mudança de paradigma*

O presente argumento foi desenvolvido no contexto daquilo que denomino teoria comparativa das humanidades. Essa teoria examina o ir e vir de tendências de pesquisa, abordagens, perspectivas e categorias que resultam de e refletem em mudanças no mundo de hoje (Bachmann-Medick, 2016). As ideias apresentadas neste capítulo não dizem respeito às tendências dominantes nas humanidades; elas são, ao contrário, baseadas nos trabalhos daqueles acadêmicos que propõem perspectivas de pesquisa alternativas e inovadoras, tais como Jane Bennett, Rosi Braidotti, Eduardo Viveiros de Castro, Dipesh Chakrabarty, Donna Haraway, Tim Ingold, Bruno Latour, Walter Mignolo, Anna Tsing, entre outros. Reflito aqui sobre como os modelos interpretativos das tendências de vanguarda nas humanidades e ciências sociais que inauguraram debates acalorados transformaram-se substancialmente nos últimos anos. Desde o final da década de 1990, humanidades e ciências sociais têm passado por grandes mudanças causadas pelo declínio da influência pós-estruturalista e o fim do pós-modernismo, simbolicamente datado pelos ataques terroristas ao World Trade Center em 11 de setembro de 2001. Essas mudanças resultam na emergência de um campo de conhecimento multidisciplinar que podemos chamar de humanidades pós-antropocêntricas ou pós--ocidentais; um campo que tenta descrever, compreender e "digerir" problemas gerados pelo capitalismo global, migração, assassinatos em massa, terrorismo e progresso tecnológico, além de crises ecológicas, mudanças climáticas e desastres naturais.

---

* N. do T.: Este texto foi traduzido do inglês para o português a partir da tradução do original em polonês feita por Magdalena Zapędowska e Paul Vickers.

30 A HISTÓRIA PARA ALÉM DO HUMANO

Em seu artigo "Postmodernism is dead: what comes next", publicado no amplamente lido *Times Literary Supplement*, Alison Gibbons (2017) escreve:

os críticos – tais como Christian Moraru, Josh Toth, Neil Brooks, Robin van den Akker e Timotheus Vermeulen – repetidamente referem-se à queda do muro de Berlim em 1989, à virada para o novo milênio, aos ataques de 11 de setembro, à chamada "Guerra ao Terror" e às guerras no Oriente Médio, às crises financeiras e às subsequentes revoluções globais. Tomados em conjunto, esses eventos correspondem às falhas e disparidades do capitalismo global, que resultaram na desilusão com o projeto da pós-modernidade neoliberal e na crescente radicalização política à extrema-esquerda e à extrema-direita. O efeito cumulativo desses eventos – paralelo à hiperansiedade causada pela constante exposição à informação – fez com que sentíssemos que o mundo Ocidental é um lugar mais precário e volátil no qual não podemos mais ser indiferentes em relação a nossa segurança ou ao nosso futuro.

O fenômeno que marca o fim do pós-modernismo e sinaliza uma mudança de paradigma, descrito nessa citação, deve ser localizado no contexto de uma crise da democracia liberal e dos movimentos políticos de esquerda, bem como de um concomitante "giro conservador". Essa situação levou à polarização de visões de mundo, algo que também aparece na mudança de interesses e abordagens de pesquisa. Essas reconfigurações relacionam-se não apenas às condições sociopolíticas descritas por Gibbons – que impactaram as humanidades em um mundo de capitalismo global, migrações em massa, terrorismo e guerras –, mas também às crises ecológicas, à escalada de desastres naturais e ao progresso biotecnológico. Várias mudanças resultantes da crescente influência da economia de mercado estão também afetando a universidade (Lorenz, 2012). É notório que as humanidades nos Estados Unidos (bem como na Austrália e no Canadá) estão passando pelo que Devon Mihesuah e Angela Wilson (2004) chamam de "indi-

A MUDANÇA DE PARADIGMA **31**

genização da academia".[5] Consequentemente, um número crescente de pessoas de ascendência indígena (ou, de maneira mais geral, não ocidental) estão se tornando pesquisadoras, assim enriquecendo a cultura acadêmica com conhecimentos ecológicos tradicionais. Elas, portanto, afrouxam os grilhões do conhecimento eurocêntrico, particularmente no que diz respeito a compreensões de racionalidade, subjetividade e do que é científico, e no que diz respeito às relações entre natureza e cultura, entre espécies e ao lugar dos seres humanos no mundo.[6] Esse processo é, na minha visão, de grande significância para as humanidades.[7]

Em 2012, conduzi um amplo levantamento das atuais condições das humanidades e das ciências sociais. Investiguei cerca de 1.200 números de 300 periódicos acadêmicos publicados entre 2010 e 2012.[8] Cheguei à conclusão de que estamos passando por uma grande mudança de paradigmas marcada pelo processo de ecologização e naturalização

---

[5] Ver também Miller (2008).

[6] Destaca-se o fato de que muitos pesquisadores envolvidos em discussões sobre esse tópico são relutantes em aceitar a diferença radical entre conhecimentos e epistemologias indígenas e a ciência e cultura acadêmica ocidental. O que é considerado mais importante é a aceitação de "uma concepção plural de conhecimento para permitir diferentes formas de conhecer" (Meijl, 2019:155). Seria coincidência o fato de a *American Historical Review* e a *History and Theory* publicarem, simultaneamente, dossiês sobre a decolonização da história? Ver: Silverman (2020); Laveaga (2020).

[7] É um tanto supreendente que representantes progressistas da geração de jovens teóricos da história ignorem completamente as tendências que, a meu ver, estão transformando fundamentalmente as humanidades contemporâneas quando escrevem sobre o futuro da teoria e da filosofia da história. Por exemplo, quando Berber Bevernage, Broos Delanote, Anton Froeyman e Kenan van de Mieroop mencionam a "virada de paradigma", eles querem dizer "um diálogo entre filósofos da história e abordagens não acadêmicas do passado". A intuição é obviamente correta e está de acordo com as atuais discussões sobre pesquisa participativa, história pública, mas, como notam os autores, essa é apenas uma mudança de foco que não produzirá uma filosofia da história radicalmente nova (Bevernage, 2014). Ver também Susen (2015). Uma exceção é Zoltán Boldizsár Simon, que inclui a teoria da história em sua discussão sobre o Antropoceno e a mudança climática. Cf. Simon (2019).

[8] Tanto minha própria pesquisa quanto a análise do Google Ngram Viewer sugerem que ocorre uma virada significativa por volta de 1996-1998, quando há um declínio da frequência de uso de termos-chave relacionados ao paradigma interpretativista (tais como pós-modernismo, desconstrução e pós-estruturalismo) e um aumento da frequência de uso de termos caraterísticos do paradigma emergente (tais como biopolítica e ciência forense). Cf. Domańska (2013).

32 A HISTÓRIA PARA ALÉM DO HUMANO

das humanidades. Também estamos testemunhando esforços para construir um sistema de conhecimento holístico e inclusivo (e maneiras alternativas de conhecer) que combinarão humanidades, ciências sociais e ciências naturais (da vida e da terra) com conhecimentos (e maneiras de conhecer) indígenas. Desde então, a situação mudou ainda mais. Recentemente, o ícone das humanidades e ciências sociais contemporâneas, Bruno Latour, e o visionário antropólogo Eduardo Viveiros de Castro anunciaram que não estamos apenas testemunhando uma mudança de paradigma em vários campos do conhecimento, mas também uma mudança de escopo e significância muito mais ampla. De acordo com Latour e Timothy M. Lenton, o que estamos testemunhando é "uma mudança de visão de mundo",[9] no sentido de uma grande transformação na "distribuição das características que afetam a Ciência, bem como a Política, a Moralidade e as Artes" (Latour e Lenton, 2019:661). Viveiros de Castro argumenta que "uma mudança de paradigma cosmológico" está ocorrendo frente aos nossos olhos, acarretando na emergência de uma nova visão de mundo. Ainda nesse contexto, Viveiros de Castro afirma que aceitar o pluralismo ontológico não é o bastante; em vez disso, ele propõe o termo "anarquismo ontológico" para "caracterizar o metamodo próprio da existência no Antropoceno" (Viveiros de Castro, 2019).

Essas não são, no entanto, ideias novas. Vale a pena lembrar que nos anos 1990, Fritjof Capra já afirmava que estávamos presenciando uma mudança de paradigma nas ciências – distanciando-nos da física e aproximando-nos das ciências da vida. Para Capra (1996:5-13), o novo paradigma é holístico e ecológico e caracterizado por um conjunto de viradas: da racionalidade à intuição, da autoafirmação à integração, da dominação à parceria, da competição à colaboração, da noção de estrutura e suas partes a noções de processo e de um todo. Esse paradigma baseia-se na teoria dos sistemas, em particular na ideia de auto-organização, e está conectado com a emergência de novas formas de espiritualidade, dando suporte a percepções do mundo através de

---

[9] N. do T.: No original, *a shift in worldview.*

A MUDANÇA DE PARADIGMA **33**

categorias que enfatizam "a interconexão e interdependência fundamental de todos os fenômenos e sua imersão no cosmos" (Capra, Steindl-Rest e Matus, 1991:70). Ainda que as ideias de Capra, assim como aquelas de Ilya Prigogine e Isabelle Stengers, sejam frequentemente associadas àquilo que convencionou-se chamar de nova era intelectual e, dessa maneira, encaradas com certo ceticismo, certamente há ali uma virada clara de um paradigma construtivista e interpretativo para um paradigma ecológico marcado por uma crítica ao antropocentrismo, eurocentrismo, secularismo e cientificismo (ciência enquanto estudo sistemático do mundo baseado na racionalidade cartesiana, no objetivismo e na neutralidade).

O objetivo deste capítulo é delinear as características típicas dessas perspectivas alternativas que deixam claro, à luz das mudanças mencionadas anteriormente, que existe uma necessidade de repensar fundamentalmente nossas compreensões de vida, da natureza humana, do sagrado e da religião – na mesma linha, portanto, da virada pós--secular.[10] Também é necessário repensar a relação entre humano e não humano, orgânico e não orgânico, ao mesmo tempo transcendendo o pensamento ocidental tipicamente antropocêntrico e seu entendimento redutivo do material como algo vazio, morto e sem agência. Minha análise desse processo postula uma "mudança paradigmática" (uso o termo para me referir à posição estratégica de um acadêmico que ocupa o liminar e desafiador entrelugar das humanidades e ciências sociais cujas estruturas interpretativas estão em transformação).

Richard Rorty (1991:1) defende que o relato antirrepresentacionalista, que torna irrelevante a distinção entre explicar os fenômenos *duros* e interpretar aqueles *frouxos*, "não vê o conhecimento como uma tentativa de entender a realidade corretamente, mas de adquirir hábitos de ação para lidar com a realidade". Isto posto, poderíamos argumentar que o objetivo da produção de conhecimento não é (ou não apenas) a transformação social e política, como no caso das novas humanidades emancipatórias e insurgentes; do contrário (ou também), trata-se da

---

10 Cf. Abeysekara (2008); Asad (2003). Ver também Wiśniewski (2017).

34 A HISTÓRIA PARA ALÉM DO HUMANO

adaptação a condições em transformação, estimulando a imaginação e o pensamento orientado para o futuro a fim de construir prognósticos alternativos (além da catástrofe). Também é importante, nesse contexto, desenvolver perspectivas da investigação do passado capazes de enfrentar esse desafio ao mesmo tempo que equipa tal investigação com abordagens e categorias analíticas adequadas. Ainda que eu não proponha reduzir o conhecimento ao seu valor prático, a abordagem pragmatista de Rorty pode ser útil hoje, visto que as humanidades encontram-se de frente para um mundo cada vez mais difícil de se lidar. Além disso, é importante considerar que, assim como observaram Deborah Bird Rose e Libby Robin, no mundo em transformação dos dias de hoje, a falta ou incompletude do conhecimento é menos um obstáculo que uma condição para a participação no sistema de vida de nosso planeta e um fator indispensável para a sobrevivência.[11]

Novas abordagens para se pensar o passado nas humanidades e nas ciências sociais

O principal desafio da pesquisa histórica contemporânea repousa menos em perseguir questões ou propor teorias e métodos de análise de *atuais* tendências das humanidades que em assumir uma postura futuro-orientada que posicione a pesquisa no contexto de um paradigma emergente pós-antropocêntrico, pós-ocidental, pós-global (planetário/cósmico) e pós-secular. Dito isso, eu afirmaria que contanto que os filósofos e teóricos da história estejam interessados em discussões sobre o *status* e a natureza do conhecimento histórico (e no *status* da história enquanto campo do conhecimento) para explicar, interpretar, representar e compreender o passado, e com o *status* de fatos, fontes e evidências, causas e efeitos, e assim por diante, eles teriam muito a fazer nos próximos anos, uma vez que todos esses fatores são objetos de discussões muito vívidas nos campos das bio-, eco-, indígeno-,

---

[11] Cf. Rose e Robin (2004).

A MUDANÇA DE PARADIGMA **35**

necro-, neuro-, fito-, tecno- e zoo-humanidades, ao passo que a filosofia e teoria da história parecem estar presas ao pós-modernismo e aos problemas relacionados ao narrativismo (pós-narrativismo) e construtivismo social.

Será um desafio para o conhecimento histórico continuar focado no autoconhecimento humano, visto que o paradigma emergente está muito mais interessado em animais, plantas, objetos e não humanos do que em humanos enquanto tais. Isso tem a ver com o fato de que, no mundo de hoje, o que entendemos por "humanidade" passou por uma mudança radical. Cresce a adesão a uma crítica ao narcisismo do sujeito humano e de sua posição privilegiada no mundo. Há também referências cada vez mais frequentes a uma comunidade de espécies, ao coletivo de humanos e não humanos, às relações entre eles e a problemas de identidade de espécie que a uma comunidade social e cultural humana. Das perspectivas dessas tendências de vanguarda, o conceito de um mundo global tem se tornado cada vez mais redutivo, enquanto a identificação planetária apoiada por ideias de transculturalismo parece cada vez mais interessante.[12] Têm se tornado objeto de interesse particular as discussões sobre sujeitos humanos privados de pessoalidade (prisioneiros desumanizados de campos de concentração ou trabalho, apátridas ou aqueles mergulhados na pobreza extrema), ou sobre aqueles que transcenderam a humanidade graças ao progresso biotecnológico (pessoas com deficiência que ganham habilidades especiais graças a próteses e transplantes) e os não mortos (cadáveres e, na cultura popular, zumbis e vampiros). O não humano se tornou a figura paradigmática do contemporâneo e um ponto de referência para o futuro.

Entre as mudanças em curso, eu gostaria também de incluir o fortalecimento da conexão e cooperação entre as humanidades e as ciências da vida e da terra; a convencionalização do paradigma comumente definido como interpretativo ou construtivista e o aparecimento de várias tendências (frequentemente contraditórias) associadas ao

---

[12] Cf. Spivak (2003); Chakrabarty (2018); Elias e Moraru (2015); Keller (2018).

36 A HISTÓRIA PARA ALÉM DO HUMANO

pós-humanismo[13; 14] ao novo materialismo e ao novo empiricismo, combinando a "rejeição do texto" com uma defesa do "retorno às coisas" e da materialidade (o que está presente e acessível "aqui e agora"). Pesquisadores estão explorando novos objetivos e regras, daí o renovado interesse em problemas "histórico-mundiais" como os eternos dilemas entre bem e mal, verdade, valores e virtudes, os universais, a natureza humana, as relações entre humano e não humano, e o sagrado. Ademais, também retomaram-se as buscas por saberes práticos que possam auxiliar na construção de um saber holístico; de um conhecimento sobre como "vivermos juntos" – como diz Bruno Latour (2009:1-2; 2012:361; 368; 372) – em conflito, eu acrescentaria.

Uma figura clássica da historiografia francesa, Marc Bloch, previu, há muito tempo, que nossa civilização viraria as costas para a história.[15] Para enfrentar os desafios do mundo contemporâneo (e das humanidades, que refletem em si esses desafios), a história torna-se um tipo de conhecimento prático, isto é, conhecimento que, por um lado, permite ao ser humano adaptar-se de maneira flexível a condições culturais e naturais de mudança e que, por outro lado, inculca nos seres humanos um instinto ético.[16] Os atuais esforços para redefinir a humanidade e

---

[13] N. do T.: Pós-humanismo é uma tradução do termo inglês *posthumanism* (sem hífen). No inglês, as duas formas (*post-humanism* e *posthumanism*) são possíveis. No entanto, elas são ligeiramente diferentes. Enquanto que a versão com hífen (*post-humanism*) sugere um período que sucede o humanismo, ligada a uma compreensão específica do humanismo como antropocêntrico (que é em si redutor), a versão sem hífen (*posthumanism*) é usada para falar de várias tendências nas humanidades e ciências sociais contemporâneas que são críticas ao antropocentrismo e ao dualismo natureza-cultura, entre outros, como é o caso do pós-humanismo crítico. Por essa razão, ao longo de todo o livro, quando usamos "pós-humanismo", apesar de hifenizado, estamos nos referindo a uma tradução de *posthumanism* no inglês. A autora também faz uma distinção entre pós-humanismo e transumanismo, este último entendido como a vertente tecnológica associada a uma atitude específica antropocêntrica, que se diferencia da abordagem ambiental/ecológica ainda que também possa incluir direitos e ética animais.

[14] Cf. Wolfe (2010); Badmington (2000); Braidotti (2013).

[15] "Sem dúvida também, as civilizações podem mudar. Não é inconcebível, em si, que a nossa não se desvie da história um dia. Os historiadores agirão sensatamente refletindo sobre isso" (Bloch, 2002:42).

[16] Essa é uma das razões que fazem a ideia de "passado prático" de Hayden White particularmente interessante para os acadêmicos. Cf. White (2014). Veja também: Polyakov (2012). [N. do T.: O capítulo incial do livro de White citado encontra-se traduzido para o português. Ver White (2018).

A MUDANÇA DE PARADIGMA 37

as relações entre o humano e o não humano fazem com que a história, compreendida como autoconhecimento humano, se torne extremamente importante, sob a condição de que ela assuma um postura crítica em relação a essa afirmação da humanidade. Precisamos de uma história que nos encoraje a sermos humanos (em relação a vários não humanos) sem fazer disso algo egoísta. Tal conhecimento pode fazer jus à seríssima tarefa de demonstrar a possibilidade de criar e reforçar um sentimento de "humanidade compartilhada" e solidariedade de espécie; de mostrar do que isso depende e como tem mudado. Seria, portanto, o caso de criar o tipo de conhecimento sobre o passado que seja valioso para indivíduos e comunidades não apenas em termos de sobrevivência em situações críticas, mas que ponha também em prática princípios éticos. A história igualmente está se tornando mais aberta ao futuro, isto é, mais propensa a criar conhecimento sobre o passado que tenha valor significativo para o futuro. De modo a alcançar tais objetivos, precisamos de um *"revival* da futuridade" – para usar a expressão de Fredric Jameson em suas reflexões sobre o passado.[17] Assim como John Torpey (2003) argumenta em seu livro *Politics and the past*, a ideia global de "reconciliar-se com o passado" (o *boom* da memória) provocou uma fixação com o passado (traumático). Consequentemente, um declínio da confiança em visões alternativas do futuro tornou-se evidente.

Aceitar o desafio previamente apontado requer novas teorias e métodos. As humanidades precisam de uma nova metalinguagem, uma que não pode ser criada sem que reabilitemos conceitos que existem em nossa tradição, por um lado, e sem que criemos novos conceitos, por outro. Devemos ter em mente o truísmo essencialmente banal de que novos conceitos e teorias são necessários quando a *empiria* (os fenômenos que aparecem na realidade ao nosso redor) excede a capacidade dos conceitos e teorias já existentes de compreendê-la. Na atual circunstância de mudança de paradigma, o desenvolvimento de teorias não pode antecipar a emergência de novos fatos.

---

17 A frase *"revival* da futuridade" é usada por Fredric Jameson (2010:42-43).

38 A HISTÓRIA PARA ALÉM DO HUMANO

O que constitui um paradigma hoje?

Antes de desenvolver o presente argumento, gostaria de clarificar meu uso do termo "paradigma". A palavra ecoa, obviamente, a obra de Thomas Kuhn. Entretanto, a teoria das revoluções científicas de Kuhn é baseada em uma concepção de ciência e uma caracterização das relações entre humanidades e ciências naturais bastante estereotípicas, o que não me permite usar o termo sem ressalvas. O conceito de paradigma, e a teoria de Kuhn como um todo, precisa ser problematizado e historicizado. Até mesmo o próprio Kuhn, em resposta às críticas fomentadas por seu livro, considerou a possibilidade de substituir o paradigma por uma matriz disciplinar. Proponho uma compreensão do paradigma enquanto modelo de pesquisa (do grego *paradeigma*, que significa "modelo", "padrão") ou, seguindo Kuhn (1979:225), enquanto matriz disciplinar, um conjunto de teorias e conceitos que define a estrutura interpretativa para a pesquisa conduzida em um determinado tempo e lugar por pesquisadores que partilham pressupostos ontológicos, epistemológicos, estéticos e éticos sobre seu trabalho.[18] Estou ciente de que a variedade de tendências e abordagens que constituem hoje as humanidades e ciências sociais não pode ser subsumida a paradigmas homogêneos, mesmo que essas tendências e abordagens convirjam em vários aspectos. Minha análise sobre a disputa entre dois paradigmas – o interpretativo-construtivista e o pós-humanista (e/ou ecológico) – é uma tentativa de apresentar um modelo simplificado das mudanças e viradas que ocorreram nas humanidades e ciências sociais nas décadas passadas.

Ainda que eu seja cética em relação à abordagem estruturalista de Kuhn, ainda acho inspiradora sua ideia dos paradigmas como mundos diversos, bem como o fato de que ele aborda preferências paradigmáticas em termos de categorias de conversão ao invés de escolha. À luz dos atuais debates sobre várias ontologias, bem como a relação entre ciência e religião, vale a pena relembrar a opinião de Kuhn de que

---

18 Ver também Agamben (2009).

revoluções transformam visões de mundo e que, por essa razão, elas demandam (ou estimulam) conversões. Assim como Kuhn (2012:146; 127) argumenta em *A estrutura das revoluções científicas*:

> Aquilo que antes da revolução aparece como um pato no mundo do cientista transforma-se posteriormente num coelho. [...] A escolha entre paradigmas em competição demonstra ser uma escolha entre modos de vida incompatíveis de vida comunitária.

Ao retornar a esse famoso livro recentemente, passei a refletir sobre o que são exatamente esses (vários) mundos (cosmologias e paradigmas) aos quais pesquisadores se convertem. Que tipos de mundos eles verdadeiramente gostariam de habitar?

Acredito que a ideia de Kuhn de revoluções científicas não é capaz de descrever adequadamente as mudanças nas ciências sociais e humanas após a Segunda Guerra Mundial. Estou convencida de que estas poderiam ser mais apropriadamente abordadas por meio da metodologia de programas de pesquisa científica de Imre Lakatos. Em seu ensaio *Ciência e pseudociência*, Lakatos (1979:18-19) argumenta que

> num programa de investigação progressivo, a teoria conduz à descoberta de factos novos (até então desconhecidos). Nos programas degenerativos, contudo, as teorias são fabricadas meramente para enquadrar factos conhecidos.

E acrescenta que "quando a teoria não acompanha os factos, encontramo-nos face a programas de investigação degenerativos". Defendo que estamos presenciando a degeneração do programa de pesquisa do construtivismo (ou algumas de suas versões, como o construtivismo textual ou interpretativo), que ainda não cedeu totalmente seu lugar a outro programa. Consequentemente, estamos suspensos em uma brecha paradigmática entre um programa que ainda não foi superado e outro programa que ainda não é visível. A razão por trás dessa situação frustrante é que o programa em degeneração criou um

40 A HISTÓRIA PARA ALÉM DO HUMANO

mecanismo efetivo para resolver "anomalias" e construiu uma zona tampão mais larga para prevenir a destruição de seu "núcleo duro". (No caso da história compreendida como uma abordagem específica do passado desenvolvida na tradição greco-judaica-cristã, trata-se de seu antropocentrismo.) O desenvolvimento da teoria hoje falha em antecipar o aparecimento de novos fatos. Ela parece carecer de imaginação e intuição; está estagnada e, nas palavras de Lakatos, "atrasada em relação aos fatos", tentando explicar de maneira constrangedora os fatos identificados por teorias concorrentes.

Esse processo também pode ser observado nas humanidades e nas ciências sociais, como em seu interesse recente por animais, plantas e coisas. No entanto, ainda que um tanto frequentemente estes sejam considerados tópicos de pesquisa interessantes examinados por meio de teorias já conhecidas, os pesquisadores hesitam em abordar a relação entre humanos e não humanos por meio do pós-humanismo radical e vanguardista, mesmo sendo esta a abordagem que atualmente antecipa o aparecimento de novos fatos (por exemplo os trabalhos de Rosi Braidotti, Donna Haraway, Tim Ingold, Bruno Latour, Cary Wolfe). Os pesquisadores estão cada vez mais interessados em "objetos desobedientes", que frequentemente requerem abordagens complementares que combinam ciências humanas, sociais e naturais, tais como os estudos ambientais, dos animais, das plantas e assim por diante. As teorias usadas nas humanidades e ciências sociais hoje digladiam-se com o problema da incomensurabilidade: os resultados de suas pesquisas são "incomensuráveis" em relação à realidade em mudança e às expectativas sociais. Quero dizer que, apesar de os pesquisadores observarem as mudanças em curso, escreverem sobre elas e criarem novas áreas de pesquisa, eles carecem de ferramentas adequadas para conceitualizá-las. Essa carência constitui um grande problema nas humanidades e ciências sociais hoje.

A convencionalização das abordagens interpretativas-construtivistas

O paradigma interpretativo-construtivista não é um todo homogêneo, e sim um conjunto de várias abordagens e perspectivas de pesquisa que evoluíram no tempo e espaço. No argumento que se segue, tratarei esse paradigma como característico das chamadas novas humanidades, que incluem uma variedade de tendências interdisciplinares tais como estudos *Queer*, de gênero, pós-coloniais, étnicos e da deficiência.[19] O paradigma interpretativo-construtivista, amplamente fomentado pelo trabalho de uma geração de intelectuais de esquerda franceses (frequentemente identificado como filosofia francesa [*french theory*]), tem tido um papel intervencionista, emancipador e até mesmo insurgente, participando ativamente da transformação social.[20] Durante seu domínio nas humanidades, a atividade acadêmica se tornou uma forma de ativismo político.[21] As características desse paradigma incluem uma abordagem pragmática da atividade de pesquisa, sua politização, uma ênfase nas relações entre saber e poder, um engajamento ideológico do pesquisador que deseja participar das mudanças sociais e na luta pela justiça desmascarando práticas de poder, uma crença na construção social da realidade social e um foco em retomar o passado excluído ou esquecido. Em termos epistemológicos, o paradigma interpretativo--construtivista promoveu abordagens interdisciplinares e relativismo epistemológico, a teoria do sujeito situacional do conhecimento (isto

---

19 Cf. Fuery e Mansfield (1997); Miller e Spellmeyer (2008).

20 Cf. Cusset (2008).

21 Parafraseando Louis Althusser, podemos argumentar que os debates acadêmicos se tornaram *locus* de disputas teóricas de classes, raças, gêneros e, até mesmo, espécies. Refiro--me à célebre frase de Althusser (2006:287) que diz que "a filosofia representa teoricamente a luta de classes". Althusser segue esta afirmação argumentando que a filosofia está situada nos arredores da ideologia, como uma espécie de laboratório teórico em que o problema fundamentalmente político da hegemonia ideológica – isto é, da constituição da ideologia dominante – passa por experimentos abstratos. O trabalho abstrato realizado pelos filósofos não fica somente no papel: as exigências que a filosofia recebe da luta de classes, ela as devolve na forma de sistemas de pensamento que então atuam sobre as ideologias para transformá-las ou unificá-las.

42 A HISTÓRIA PARA ALÉM DO HUMANO

é, sua própria subjetividade e reflexividade) e enfatizou a pertinência da interpretação ao invés de sua verdade.

A afirmação sobre a pesquisa sociológica qualitativa é um exemplo representativo do paradigma interpretativo-construtivista:

O investigador qualitativo dotado de espírito cívico. [...] tenta identificar as muitas persuasões, preconceitos, injustiças e desigualdades que prevalecem num dado período histórico. [...] O pesquisador sempre pergunta como as práticas de pesquisa qualitativas podem ser usadas para ajudar a criar uma sociedade democrática livre. [...] O pesquisador enquanto *bricoleur*-interpretativo já está sempre no mundo material dos valores da experiência empírica. Esse mundo é confrontado e constituído por meio dos parâmetros que o paradigma ou a perspectiva interpretativa do pesquisador oferece. O mundo assim concebido ratifica o compromisso individual com o paradigma ou perspectiva em questão. Este paradigma está ligado, em um nível ético mais elevado, aos valores e políticas de uma ciência social emancipatória e cívica [Denzin e Lincoln, 2005:375].

Considere-se também a seguinte observação de Kathy Charmaz (2009:247):

O conhecimento deve transformar a prática e os processos sociais? Sim. Os estudos de teoria fundamentada podem contribuir para um mundo melhor? Sim. Essas questões devem ter influência sobre o que estudamos e como o estudamos? Sim.

Nas novas humanidades, teoria e metodologia são frequentemente compreendidas como meros instrumentos de luta política ou como uma prática política. O livro *Methodology of the oppressed*, de Chela Sandoval (2000), é um típico exemplo. Sua epígrafe vem do subcomandante Marcos, o lendário líder mexicano do Exército Zapatista de Libertação Nacional (EZLN): "buscamos um mundo onde caibam muitos mundos". É digno de nota que Sandoval seja professora de

A MUDANÇA DE PARADIGMA 43

estudos mexicanos na Universidade de Califórnia-Santa Bárbara e que seu livro seja prefaciado por Angela Davis, professora de filosofia na Universidade de Califórnia-Santa Cruz e uma das mais proeminentes ativistas do feminismo negro nos Estados Unidos. O estudo de Sandoval apresenta a teoria e a metodologia das ciências humanas como meios de criar uma consciência de oposição nos grupos que sofrem com várias formas de opressão racial, social e de gênero. Por definição, seu estudo não aspira nem à objetividade no sentido positivista[22] nem à neutralidade do pesquisador, ou mesmo à busca pela verdade enquanto objetivo da atividade de pesquisa.

A metodologia do oprimido é o que possibilita pôr em vigor o modo diferencial do movimento social de oposição que descrevi no exemplo do feminismo terceiro-mundista estadunidense enquanto prática intervencionista [Sandoval, 2000:82].

Do textualismo ao (novo) materialismo

As mudanças no mundo e em nossa vida cotidiana chamam nossa atenção para diferentes problemas de pesquisa e provocam diferentes questionamentos. Por exemplo, a biopolítica entra na nossa vida por meio da biometria ou de questões relacionadas a transplantes ou reprodução (Rose, 2007). Testemunhamos o nascimento de crianças geneticamente modificadas, a emergência de pessoas com deficiência que são super-humanos (Oscar Pistorius, cujas pernas protéticas lhe permitem correr mais rápido do que corredores sem deficiência)

---

[22] Essas abordagens não rejeitam o objetivismo enquanto tal, mas sim uma versão específica que incorpora uma transcendência cognitiva e adota um "ponto de vista divino". Por exemplo, Donna Haraway vê a questão da objetividade, intimamente relacionada ao "sujeito situado" e ao "conhecimento situado", como um problema central da epistemologia feminista, enquanto Sandra Harding formula o conceito de "objetividade forte". Existe uma vasta literatura sobre esse assunto. Cf. Haraway (2009); Harding (1993). O problema da subjetividade é explorado em uma abordagem filosófica distinta por Frank Ankersmit (2004). Ver também Førland (2017).

44 A HISTÓRIA PARA ALÉM DO HUMANO

(Marcellini et al., 2012; Pérez Triviño, 2013), a criação de animais híbridos e formas de vida mutantes (por exemplo, Eduardo Kac e seu coelho fluorescente, ou "Edunia", uma flor que contém o DNA do artista) (Kac, 2000),[23] sem mencionar a extensão do conceito de assassinato em massa e holocausto a animais e plantas (holocausto animal; ecocídio – extermínio da natureza).[24] No entanto, mudanças não acontecem apenas de cima para baixo (no mundo), mas também de baixo para cima, isto é, as experiências individuais (e o conhecimento que vem dessas experiências) têm um papel importante na atual mudança de paradigma. Elas produzem diferentes valores e demandam mudanças de visão e crença. O interpretativismo com seu foco no texto e na narrativa tentou abordar todos esses problemas, mas o fez de maneira inadequada (perante as atuais expectativas). Daí o atual interesse na ontologia, no material empírico. E também a falta ou presença apenas ocasional de conceitos como discurso, texto ou narrativa na produção acadêmica vanguardista que tenho lido.

As limitações do paradigma interpretativo-construtivista são evidentes no que diz respeito ao processo que o sociólogo da ciência Andrew Pickering (1999:561) descreveu como o "deslocamento pós--humanista de nossos quadros interpretativos". Uma manifestação desse processo é a emergência das pós-humanidades.[25] Pode-se definir as pós-humanidades como um grupo de tendências de pesquisa relacionadas ao movimento intelectual e postura ética conhecida como pós-humanismo. Elas constroem um conhecimento que critica e/ou rejeita a posição central do humano no mundo e, consequentemente, preferencia abordagens não ou antiantropocêntricas. Em certo sentido, as pós-humanidades podem ser consideradas humanidades não antropocêntricas, ainda que essa definição seja por demais contraditória para que a aceitemos sem reservas.[26] Os principais interesses de

---

[23] Cf. Kac (2007).

[24] Cf. Patterson (2002); Broswimmer (2002).

[25] Ver: Wolfe (s.d.). Wolfe inaugurou a série interdisciplinar "PostHumanities", que inclui livros tais como: Serres (2007); Haraway (2007); Willis (2008); Esposito (2008); Shukin (2009); Protevi (2009).

[26] Ideias de um paradigma não antropocêntrico surgiram por volta do começo dos anos 1990. Ver Emmenegger e Tschentscher (1994).

A MUDANÇA DE PARADIGMA **45**

pesquisa das pós-humanidades incluem as fronteiras das identidades de espécie, as relações entre o humano e o não humano (a relação dos humanos com a tecnologia, o meio ambiente, os animais e as coisas) e questões de biopoder, biopolítica e biotecnologia. Não se trata de excluir o humano dos esforços de pesquisa acadêmica, mas de abordar criticamente a ideia do humano enquanto mestre e centro do universo. De certa maneira, essa mudança de paradigma marca um retorno a uma compreensão evolucionista da pesquisa acadêmica como algo que se ajusta a uma realidade em mudança e uma retomada dos debates acerca do valor do conhecimento acadêmico (das humanidades e ciências sociais) para a sobrevivência da espécie humana e para a vida de modo geral.[27] Essa mudança é importante porque adota novos pontos de referência e novos objetivos para a construção de conhecimento. Um de seus pontos de referência é a vida ela mesma, ou *zoe*, frequentemente considerada em termos negativos. Cientistas sociais e pesquisadores das humanidades são incitados a levar em consideração a física da entropia (a segunda lei da termodinâmica), que diz que todo sistema isolado irá, eventualmente, chegar a um equilíbrio e que, portanto, todo sistema tem um tempo de vida limitado.[28] Da mesma maneira, devemos considerar a real possibilidade da extinção humana: uma percepção de que devemos mudar nossa atitude em relação à natureza, ao meio ambiente e aos sujeitos não humanos.

Na introdução de seu importante livro *New materialisms: ontology, agency and politics*, Diana Coole e Samantha Frost (2010:6) escrevem:

A orientação construtivista dominante das análises sociais é inadequada para pensar sobre a matéria, a materialidade e política de maneiras que façam justiça ao atual contexto marcado pela biopolítica e a economia política global. Ao mesmo tempo que reconhecemos que o construtivismo radical contribuiu de maneira considerável, recentemente, para nossa compreensão de como opera o poder, também estamos cientes de que uma certa alergia ao "real", que é característica de suas formas

---

27 Eu refleti sobre essa questão no artigo Domańska (2010a).
28 Cf. Rifkin (1980); Weisman (2007).

46 A HISTÓRIA PARA ALÉM DO HUMANO

mais linguísticas ou discursivas, [...] dissuadiu pensadores críticos dos tipos mais empíricos de investigação que processos e estruturas materiais demandam.[29]

New materialisms manifesta um abandono do conceito tradicional (cartesiano) de matéria, passiva e sem vida. Caracterizado por um foco no progresso tecnológico e na crescente dependência humana em coisas, por uma validação da visão indígena das relações entre humanos e coisas e por sua confiança na física quântica, o novo materialismo propõe um repensar minucioso dos conceitos de matéria, vitalismo e animismo no contexto completamente novo do mundo de hoje. A matéria e as coisas tornam-se substâncias ativas e imprevisíveis de um constante vir-a-ser com formas de agência não intencionais.[30]

Emaranhamento, alternativas planas e a ideia de simetria

A partir do paradigma interpretativo-construtivista, Sandoval observa que um dos resultados das mudanças no conceito de poder desde o final do século XX tem sido uma "democratização" da opressão. O conceito vertical de poder (o modelo de pirâmide), no qual o poder se distribui de cima para baixo, isto é, do governante autocrático aos estratos mais baixos da sociedade, tem sido substituído por um modelo horizontal no qual a posição do sujeito do poder pode ser descrita como uma rede de fatores como raça, classe, gênero ou idade. O caráter "plano" ou horizontal que o poder tem nessas novas abordagens não significa um melhor acesso ao poder, visto que essas abordagens também demonstram que há múltiplas formas de opressão atuando simultaneamente. Conceitos tais como "de baixo" ou "subordinado" e "de cima" ou "elevado" cederam espaço para conceitos advindos

---

[29] Ver também Barad (2007).
[30] Ver: Knappett e Malafouris (2008); Bennett (2010); Lury, Kember e Fraser (2006); Harvey (2006).

A MUDANÇA DE PARADIGMA   47

das metodologias dos movimentos de oposição tais como "margem" e "centro", "fronteira/fronteiriço", "hibridismo", "diáspora" e "situação" ou "posição" (Sandoval, 2000:73-74). As ideias de Sandoval são indícios de reconfigurações maiúsculas na teoria das humanidades e ciências sociais. Essas reconfigurações se manifestam na ampla virada de perspectivas de pesquisa verticais para perspectivas de pesquisa horizontais. De modo geral, o modelo vertical de conhecimento tem sido substituído por um modelo horizontal na medida em que o que conhecemos como alternativas planas e/ou abordagens relacionais ganham importância. É legítimo afirmar que as humanidades e ciências sociais contemporâneas são essencialmente sobre relações e interconexões. Entre os muitos fatores que provocam essa virada encontram-se, em primeiro lugar, as influências do pensamento ecológico, que endossa uma ontologia da conectividade entre humanos e não humanos e humanos e meio ambiente e, em segundo lugar, as influências da ciência e estudos da tecnologia, que examinam a relação entre humanos e coisas e física quântica (Hörl e Burton, 2017). Em ambos os casos, existe uma convicção partilhada de que todas as coisas no mundo estão conectadas. No entanto, assim como indicam Raymond Pierotti e Daniel Wildcat (2000),

> não se trata simplesmente de um *cliché* familiar e romantizado; do contrário, trata-se da percepção de que não há um único organismo que possa existir sem uma rede de outras formas de vida que o cerca e que faz de sua existência possível [Pierotti e Wildcat, 2000:1336].[31]

A metáfora da pirâmide, enquanto modo de encarar a realidade, cedeu lugar a metáforas de relações horizontais: redes, teias, associações, agrupamentos, coletivos, comunidades companheiras e simbióticas, várias formas de parentesco e emaranhamento.[32] Alguns exemplos de tais "ontologias planas" são a teoria ator-rede, de Bruno Latour, a teoria da *assemblage*, de Manuel DeLanda, e o projeto da arqueologia

---

[31] Ver também Hart (2010).
[32] N. do T.: tradução de *"entanglement"*.

48 A HISTÓRIA PARA ALÉM DO HUMANO

relacional, de Ian Hodder.[33] Elas partilham uma abordagem crítica ao construtivismo social tradicional, cuja ideia de sociedade como construto social estabelece um certo determinismo social (sociocentrismo) focado em sujeitos humanos.[34] Muitos acadêmicos concordam com Latour (2001:227), que argumenta que "a sociedade é construída, mas não construída socialmente", isto é, a sociedade não é construída exclusivamente por humanos e resulta de interações entre humano e não humano (Latour 2001:240). Nesse contexto a ideia de hierarquia está sendo substituída por uma ideia de simetria.

A ideia de simetria se tornou tão difundida nas ciências humanas e sociais que arqueólogos vanguardistas, seguindo os passos de Latour, formularam o projeto da "arqueologia simétrica". O termo ecoa o subtítulo do conhecido livro de Latour (1991) *Jamais fomos modernos: ensaios de antropologia simétrica* (*Nous n'avons jamais été modernes: essai d'antropologie symétrique*). De acordo com a definição de uma das figuras mais importantes dessa corrente de pensamento, Christopher L. Witmore, a arqueologia simétrica baseia-se no princípio de que

humanos e não humanos não devem ser considerados ontologicamente distintos, como entidades isoladas e separadas *a priori*. [...] Qualquer separação *radical*, oposição e contradição entre pessoas e o mundo material no qual elas vivem deve ser considerada como uma forma especificamente moderna de distribuição de entidades e segmentação do mundo [Witmore, 2007:546, grifos no original].

Em seu livro *In defense of things*, o arqueólogo norueguês Bjørnar Olsen apresenta uma abordagem igualitária e uma visão mais simétrica da realidade. Ele assume que as coisas e a cultura material em geral são seres que coexistem com outros seres como humanos, animais ou plantas. Todos esses seres têm propriedades materiais e dividem o mundo em que habitam.[35] A simetria, nesse contexto, não

---

[33] Ver: Holbraad e Pedersen (2017); Escobar (2007); Delanda (2006); Hodder (2012).
[34] Cf. Delanty (1997).
[35] Cf. Olsen (2010).

A MUDANÇA DE PARADIGMA **49**

significa que todos esses seres são iguais ou os mesmos; ainda assim, as diferenças entre essas formas de vida não devem ser abordadas em termos de dualismos ou negações ontológicas. Pelo contrário, elas são diferenças relativas e não opostas, que fomentam a colaboração, a transmissão e o diálogo.[36]

Conclusão

Identificar as influências mútuas dessas tendências, abordagens e perspectivas é difícil, uma vez que todos esses campos são, creio eu, indicadores não apenas de um novo paradigma emergente, mas também da emergência de uma nova visão de mundo. Isso é evidente em abordagens que são não ou pós-antropocêntricas (daí as humanidades não antropocêntricas). Essas abordagens (todas aquelas prefixadas: bio-, eco-, geo-, necro-, neuro-, zoo-) constroem uma visão holística que combina humanidades e ciências naturais enquanto se baseiam em valores e pensamento ecológicos somados a um conjunto de diversas abordagens frequentemente contraditórias entre si que são conhecidas como humanidades não ou pós-antropocêntricas, pós-humanidades, humanidades ambientais e/ou bio-humanidades. Ademais, comumente observa-se que tais abordagens são pós-europeias (no sentido de uma crítica à centralidade da produção de conhecimento no ocidente imperialista ou Europa), pós-humanas (concepções do humano estão mudando frente à potencial diversificação da espécie a partir

---

36 Em seu *Reagregando o social*, Latour (2005:113-114) rejeita, em última estância, o princípio da simetria. Ele percebe que sua teoria foi compreendida erroneamente como parte de estudos simétricos de sujeitos e objetos, humanos e não humanos. Como Latour argumenta enfaticamente, "não há relação alguma entre o 'mundo material' e o 'mundo social' justamente por que essa divisão é um completo artefato. [...] A ANT [*actor-network theory*, teoria do ator-rede] não é, repito: *não é*, a criação de uma absurda 'simetria entre humanos e não humanos'. Obter simetria, para nós, significa *não* impor a *priori* uma *assimetria* espúria entre ação humana intencional e mundo material de relações causais. Existem divisões que não devemos ultrapassar, superar, reduzir dialeticamente. Elas precisam, isto sim, ser ignoradas e abandonadas a seus próprios recursos, como um castelo outrora formidável e hoje em ruínas". Em uma nota de rodapé, ele acrescenta: "A última coisa que desejava era privilegiar natureza e sociedade, dotando-as de 'simetria'".

50 A HISTÓRIA PARA ALÉM DO HUMANO

da emergência de novas formas biológicas ou tecnológicas de *homo*), pós-secular (dado o retorno da espiritualidade, ecletismo religioso e práticas religiosas não institucionais), pós-gênero (o distanciamento da ideia de identificação de gênero) e pós-branca (a raça branca não é mais a raça dominante).

O futuro das humanidades e ciências sociais é inevitavelmente conectado à reflexão sobre o futuro da Terra, da espécie humana, da transespeciação e à vida ela mesma. Portanto, o conhecimento sobre o passado torna-se mais um conhecimento futuro-orientado que facilita a adaptação e é relevante na medida em que dá suporte à continuação da vida de várias espécies (tanto no contexto social quanto no biológico).[37] Como tal, esse conhecimento também vem a ser parte do projeto planetário (ou mesmo cósmico) no qual conhecimentos emergentes abrem caminho para humanidades e ciências sociais pensarem o mundo multiespécies das comunidades futuras.

Nesse contexto, precisamos fazer hoje o que Rorty defende em um de seus ensaios: ao invés de nos preocuparmos se certas crenças são fundadas, devemos nos perguntar se teríamos imaginação o suficiente para propor ideias interessantes que ofereçam alternativas às atuais crenças (Rorty, 1999:34; 221) ou instrumentos de pesquisa e categorias interpretativas cuja eficácia seria mensurada não por quão precisamente elas descrevem, explicam ou representam seu objeto, mas por quão eficazes são em provocar mudanças. Devemos perguntar a nós mesmos questões tais como: Que tipo de mudança objetivamos com nossas ações? Que tipo de futuro é digno de nossos esforços? Lutaremos pela sobrevivência a qualquer custo ou, como preveem os cientistas ambientais, passaremos por uma transformação radical que nos levará a uma compreensão do nosso papel no drama cósmico, aquele de criar uma comunidade não apenas humana?

---

[37] Eu evito o termo "sobrevivência" aqui, visto que estou ciente de que – assim como afirma Zygmunt Bauman – sobrevivência é "'um construto social' que marca suas ambiguidades e seu viés político. Além disso, meu objetivo não é simplesmente afirmar a vida (acredito que o direito de morrer e estar morto pode, no futuro, provar-se tão importante quanto o direito à vida), do contrário, busco sustentar as forças e processos produzindo e conduzindo movimento, mudança e transformações" (Bauman, 1992).

A MUDANÇA DE PARADIGMA **51**

A fim de embasar as previsões mencionadas anteriormente, gostaria de citar os sociólogos Egon G. Guba e Yvonna S. Lincoln (2005:112), que afirmam que

podemos também estar entrando em uma era de maior espiritualidade em nossos esforços de pesquisa. A ênfase em investigações que refletem valores ecológicos, em investigações que respeitam formas de vida comunitárias não ocidentais, em investigações que envolvem reflexividade intensa no que diz respeito a como nossas pesquisas são moldadas por nossos próprios locais históricos e de gênero, e em investigações sobre "o florescimento humano" [....] pode ainda reintegrar o sagrado e o secular de maneira que promovam a liberdade, a autodeterminação.

Os debates anteriores tornam a tradicional definição de história enquanto "a ciência dos homens no tempo", de Marc Bloch, insuficiente. A história precisa mudar se deseja preservar sua posição entre outras disciplinas que estudam o passado e produzem um conhecimento relevante para o futuro. O que buscamos no passado é determinado por aquilo que atormenta o presente, e hoje estamos buscando o humano ou a humanidade, mesmo em suas formas não humanas. Na mesma toada, o papel da história enquanto autoconhecimento humano tem ganhado importância fundamental, mas o desafio agora é o de adotar uma visão crítica da afirmação da humanidade. Enquanto um estudo da mudança e da continuidade, a história demonstra o que significa ser humano, não apenas no sentido cultural, mas também enquanto espécie (Chakrabarty, 2015). Isso é particularmente perceptível em disciplinas tais como a (nova) história ambiental, a história animal, a bio-história e a neuro-história (*deep history* ou história profunda) que enfatizam o caráter múltiplo e complementar da pesquisa sobre identidades biológicas, geológicas e socioculturais, bem como sobre a herança natural e cultural, ao mesmo tempo que denunciam o determinismo biológico e historicizam as conexões prévias entre história e biologia. A história está se tornando o estudo de ambas as condições,

52 A HISTÓRIA PARA ALÉM DO HUMANO

humana e não humana, e de modos de ser humano (no contexto da diversificação da espécie humana e da emergência de novas espécies, inclusas aquelas criadas por humanos). Pode ser que a conjuntura sociopolítica atual inspire ou até obrigue os pesquisadores a se concentrarem nas particularidades de suas condições locais, adaptando assim suas discussões sobre os modos e objetivos da produção de conhecimento às necessidades locais. Apesar de estar interessada nas eco-humanidades e abordagens não antropocêntricas da pesquisa sobre o passado, não parei de ler os "pós-modernistas", ainda que agora eu os leia de maneira diferente porque os localizo em uma abordagem interpretativa distinta. Por exemplo, uso a abordagem desconstrutiva da história (Kleinberg, 2017) como uma plataforma (ou trampolim) que nos ajuda a "reinventar o futuro" ou, ainda, que habilita um "*revival* da futuridade" para pensar o passado. Para mim, a desconstrução (e o trabalho de Jacques Derrida, de modo geral) é um exercício afirmativo que nos permite pensar sobre valores sociais como métodos de investigação histórica (ainda que não utilizemos a desconstrução como método, contrariando as intenções de Derrida) que são orientados para o futuro e nos permitem construir visões alternativas de uma comunidade porvir (*l'avenir*).[38] Por essas razões, ao invés de ler a *Gramatologia* de Derrida, foco em seus livros sobre amizade, perdão e hospitalidade.[39]

Gostaria de concluir este capítulo enfatizando a necessidade de uma virada prática (e pragmática) similar àquela proposta por Hayden White no campo da teoria histórica, ou ainda a abordagem pragmática desenvolvida por Verónica Tozzi Thompson (2012) no âmbito da teoria

---

[38] "Derrida: 'Em geral, tento distinguir entre o que chama-se futuro e '*l'avenir*'. O futuro é aqui que – amanhã, mais tarde, no próximo século – será. Existe um futuro que é previsível, programado, agendado, antecipável. Mas também há um futuro, *l'avenir* (porvir), que se refere a alguém cuja chegada é totalmente inesperada. Para mim, esse é o futuro real. Aquele que é totalmente imprevisível. Os Outros que vêm sem que eu consiga antecipar sua chegada. Então, se há um futuro real além do outro futuro conhecido, ele é *l'avenir*, pois este é a vinda do Outro quando sou completamente incapaz de antever sua chegada" (Kirby e Kofman, 2005:53).

[39] Refiro-me às obras: Derrida (2013; 1996; 2003b; 2001a; 2001b).

A MUDANÇA DE PARADIGMA **53**

da história e dos estudos da escrita histórica. À luz dos argumentos apresentados neste capítulo, eu gostaria de fazer menção a Rick Vogel, o qual propôs uma releitura dos trabalhos originais de Kuhn a fim de avançar uma compreensão de paradigmas baseada na prática. Ao invés de enfatizar o ato de "acreditar" no paradigma, Vogel destaca o ato de "fazer" um paradigma. Uma vez que apoio o empreendimento de Vogel (2012:37), especialmente sua afirmativa que diz que o ensino não "encoraja o pensamento crítico sobre o paradigma, e sim treina estudantes em suas práticas essenciais", meu objetivo seria avançar ainda mais essa compreensão de paradigma baseada na prática.

Já faz muitos anos que venho defendendo que os historiadores não serão capazes de desenvolver teoria e participar nas discussões teóricas que estão ocorrendo (e trazendo mudanças) nas humanidades e ciências sociais contemporâneas se continuarmos a ensinar jovens adeptos do fazer histórico apenas a aplicar teorias históricas sem encorajá-los a desenvolver suas próprias ferramentas analíticas e teorias de pequeno alcance baseadas em estudos de caso. Para mim, pelo menos, a realidade é sempre mais interessante (e rica) do que a teoria. O que proponho, portanto, é desenvolvermos a habilidade de construir procedimentos de pesquisa repetíveis que resultem do material empírico investigado e que sejam fontes de estruturas, conceitos e procedimentos analíticos que, subsequentemente, possam vir a ser aplicados por outros pesquisadores. Inspirada pela teoria fundamentada sociológica, tenho, desde 2006, conduzido um projeto focado em "metodologia prática"[40] junto aos meus alunos de mestrado e doutorado. Trata-se de uma resposta às mudanças que afetam as humanidades contemporâneas – um campo com extrema necessidade de novas metalinguagens, teorias e abordagens.

Também estou promovendo a ideia de história potencial, originalmente proposta pela acadêmica e artista israelita Ariella Azoulay

---

[40] Apresento um esboço dessa metodologia prática no artigo Domańska (2010b) e no capítulo do livro Domańska (2012). É claro que não estou sugerindo que todos os historiadores devem se interessar em contruir teorias, mas que cursos de graduação em história deveriam preparar e encorajar estudantes a fazê-lo.

54 A HISTÓRIA PARA ALÉM DO HUMANO

no contexto de suas pesquisas sobre o conflito israelo-palestino.[41] O projeto de Azoulay é relevante para as reflexões sobre conflitos em outros lugares e pode até oferecer um meio de resolver tais conflitos. As pesquisas realizadas no âmbito da história potencial exploram os potenciais não realizados do passado na tentativa de revelar as condições que devem ser criadas para permitir que as pessoas se adaptem umas às outras e coexistam.[42] Tais pesquisas também dão ênfase à investigação de iniciativas bem-sucedidas que contribuíram (e continuam a contribuir) para a construção de empreendimentos econômicos, sociais e culturais que conectam várias nações e grupos étnicos e/ou religiosos. Nesse contexto, a história explora "o passado como um armazém das possibilidades humanas" – para fazer uso das palavras de Susan Buck-Morss[43] – e torna-se um tipo de laboratório para revelar condições de coexistência e coabitação no mundo.

Nesse sentido, a história potencial é parte da evidente mudança de foco em curso nas humanidades e ciências humanas: da pesquisa sobre conflitos para a pesquisa sobre colaboração, coexistência, convivialidade, esperança crítica, boas relações de vizinhança, amizade e confiança social. Não é mais o conflito (guerra e conquista), mas (e talvez acima de tudo) uma forma de coexistência baseada na cooperação de vários grupos étnicos, culturais e religiosos (sem, claro, negar a existência de problemas nessas relações) que tornou-se a força motriz do processo histórico. Não se trata aqui de privilegiar ideias ingênuas de reconciliação e consenso, mas de considerar como o conhecimento histórico, retratando as condições de coexistência de povos, nações, comunidades e grupos sociais no passado, pode auxiliar na construção de um conhecimento da convivialidade[44] e/ou da coexistência em conflitos que tenha um potencial prefigurativo.

---

[41] Cf. Azoulay (2013; 2019).
[42] Ver: Appiah, 2010:110; 181.
[43] *Solidarność w historii – ludzie i idee. Susan Buck-Morss w rozmowie z Katarzyną Bojarską.* [Com(o)nismo da ideia – A solidariedade perante a história. Susan Buck-Morss em conversa com Katarzyna Bojarska]. Trad. Katarzyna Bojarska. *Teksty Drugie/Second Texts*, n. 5, p. 200-211, 2014.
[44] Cf. Illich (1973).

Capítulo 2
História e pós-humanismo

Como mencionei no capítulo anterior, desde o final dos anos 1990 as humanidades e as ciências sociais têm passado por grandes mudanças causadas pelo declínio da influência pós-estruturalista e o fim do pós-modernismo, datado simbolicamente de 11 de setembro. Esses processos estimularam a emergência de uma área multidisciplinar do conhecimento que pode ser chamada de humanidades pós-antropocêntricas, que foram inspiradas por um conjunto de várias tendências reunidas sobre o termo pós-humanismo.[45]

Não se pode ignorar que tanto os periódicos acadêmicos e os organizadores de conferências quanto os meios de comunicação e circulação de cultura popular têm mostrado um grande interesse em questões relacionadas a animais, ciborgues, plantas, coisas, zumbis; ao progresso tecnológico, engenharia genética, medicalização da sociedade e assuntos ligados ao Antropoceno, à biopolítica, aos direitos não humanos, ao aquecimento global, aos desastres naturais e à extinção das espécies. Eu diria que, basicamente, toda vez que encontramos os prefixos bio-, eco-, fito-, geo-, neuro-, necro-, tecno- e zoo- estamos adentrando o espaço das humanidades pós-antropocêntricas que algumas vezes é também associado a termos como pós-humanidades[46] e/ou bio-humanidades.[47]

---

[45] Cf. Wolfe (2010); Herbrechter (2013); Braidotti (2013); Nayar (2014).

[46] O conceito de pós-humanidades foi popularizado pela série de publicações Posthumanities da University of Minnesota Press, que tem sido editada por Cary Wolfe desde 2007. Disponível em: <www.upress.umn.edu/book-division/series/posthumanities>. Acesso em: 11 fev. 2017.

[47] Cf. Rose (2014); Stotz e Griffiths (2008).

56 A HISTÓRIA PARA ALÉM DO HUMANO

Obviamente, não há pós-humanismo sem pós-modernismo. Quando escrevi sobre "a mudança de paradigma" eu não quis sugerir a inaplicabilidade ou inadequação de trabalhos de pensadores pós-modernos para as pós-humanidades de hoje. Mesmo assim, subscrevo os estudiosos que desde os anos 1990 argumentaram que o pós-modernismo atingiu seu ápice.[48] Isso não significa, é claro, que essas tendências não são mais relevantes. Ainda que não sejam mais o centro das discussões que estão se consolidando em tendências vanguardistas não dominantes nas humanidades – como também foi o caso do pós-modernismo –, elas constituem sua "linha de frente" e são responsáveis por estimular a reconfiguração de perguntas de pesquisa, teorias e abordagens.

Como é normalmente o caso com as tendências vanguardistas, a história parece ser em grande parte reativa – ou seja, ela reage (geralmente após 10-15 anos) a mudanças teóricas que ocorreram anteriormente em outras disciplinas (principalmente antropologia, história da arte, literatura, filosofia, sociologia). Portanto, o fim do pós-modernismo já tinha sido anunciado nas humanidades quando historiadores começaram a tratá-lo com seriedade. E parece que, em sua maioria, eles ainda estão trabalhando com seus efeitos.[49] Em manuais contemporâneos de escrita da história, as elaborações mais recentes datam dos anos 1980 e 1990 e ainda estão associadas à história ambiental clássica, história das mentalidades, micro-história, história de gênero, história global, história oral, história subalterna e história visual, mencionando por vezes o novo interesse em história contrafactual, história digital, emoções e história, memória e história e história transnacional.[50] No entanto, a mudança de paradigma atual das novas humanidades (conectadas ao pós-modernismo) para as humanidades pós-antropocêntricas (informadas pelo pós-humanismo) começou a ecoar mais depressa na história e a não ser ignorada por historiadores, como aconteceu por anos no caso do pós-modernismo. Há vozes de peso argumentando

---

[48] Cf. Ziegler (1993); Simons e Billig (1994).
[49] Cf. AHR Forum (2012).
[50] Ver: Iggers, Wang e Mukherjee (2017).

que a história já está além do giro linguístico e que já passou a fase do narrativismo e de sua fascinação com o texto, o discurso e a narrativa.

Vale mencionar que tais opiniões foram expressas por Peter Burke, Carolyn Walker Bynum, Dipesh Chakrabarty, Dominick LaCapra, Lynn Hunt, Nancy Partner, Michael Roth e Gabrielle Spiegel (para nomear apenas alguns).[51] Um crescente interesse em abordagens pós-antropocêntricas (e/ou pós-humanistas) à história animal, bio--história, história ambiental, história das coisas, a emergência de novos subcampos, como *big history* e neuro-história, bem como discussões sobre o Antropoceno e mudanças climáticas, agência não humana, relações entre humanos e não humanos, questões de escala e concepções não antropocêntricas do tempo (tempo geológico) são sinais dos impactos pós-humanistas na disciplina histórica. Os historiadores também não ignoram o fato de que hoje não é mais com a filosofia, mas com a biologia que a história está aprendendo.[52]

Não existe história pós-humanista compreendida enquanto subcampo da reflexão histórica, ainda que tal termo apareça algumas vezes em textos escritos por não historiadores.[53] Neste texto, por motivos heurísticos, usarei o termo "pós-humanista" como um adjetivo e o tratarei como uma perspectiva interdisciplinar. Esse movimento me permite indicar como estudiosos de vários subcampos da história são afetados por um modo de pensar não antropocêntrico das humanidades contemporâneas e usam o pós-humanismo como uma ferramenta crítica útil e como uma plataforma interpretativa para pensar sobre o passado. A utilização de várias abordagens e teorias (como teoria ator-rede, ontologia orientada ao objeto, teorias multiespécies, epistemologias relacionais, novos materialismos, en-

---

[51] Cf. Burke (2012); Bynum (2009); Hunt (2014).

[52] Cf. AHR Roundtable (2014); Kaiser e Plenge (2014); Rose (2014).

[53] Por exemplo, no artigo "The future of history: posthumanist entrepreneurial storytelling, global warming, and global capitalism" os autores (Boje e Rohny, 2016) referem-se aos trabalhos de Dipesh Chakrabarty sobre as mudanças climáticas e usam o termo "história pós-humanista" para indicar a transgressão de uma divisão entre história natural e humana e o tratamento dos seres humanos não só como agentes culturais e sociais mas também como "agentes geológicos". Ver: Boje e Saylors (2016). Ver também Chakrabarty (2016).

58 A HISTÓRIA PARA ALÉM DO HUMANO

tre outras) permite-lhes questionar conceitos e ideias que têm sido usados como base do conhecimento histórico: antropocentrismo, racionalidade cartesiana, agência, identidade, individualidade, tempo, espaço, sujeito e poder.

O que é o pós-humanismo?

É importante indicar que não existe uma tendência coerente que possa ser rotulada de pós-humanismo, assim como não existe um humanismo singular que se apresente como sua oposição.[54] O pós--humanismo é mais um movimento intelectual associado a vários ícones acadêmicos, como Neil Badmington, Jane Bennett, Rosi Braidotti, Donna Haraway, Katherine Hayles, Bruno Latour, Michel Serres, Cary Wolfe, entre outros. Por exemplo, Rosi Braidotti (2013:78) menciona tanto o "pós-humanismo crítico" com sua origem no anti--humanismo, no "pós-humanismo ecológico" e no "pós-humanismo pós-antropocêntrico", como o "pós-humanismo analítico dos estudos científicos e tecnológicos" e o "neo-humanismo pós-antropocêntrico". Textos recentes também acrescentam a essa lista termos como "pós--humanismo insurgente" (Papadopoulos, 2010), associado a projetos políticos alternativos, e "pós-humanismo geológico" (Bruyn, 2013), relacionado com a *deep history*. Basearei minhas considerações adicionais em duas definições complementares propostas por Jeff Wallace e por Ivan Callus e Stefan Herbrechter:

> Pós-humanismo é aqui definido como uma crítica tanto de uma concepção essencialista da natureza humana quanto de um excepcionalismo humano, e que é geralmente caracterizado por discursos de dissolução ou embaralhamento dos limites do humano, quer sejam conceituais e filosóficos (como na "descentralização" do humano no pensamento estruturalista e pós-estruturalista do século XX) ou cien-

---

[54] Cf. Campana e Maisano (2016).

HISTÓRIA E PÓS-HUMANISMO **59**

tíficos e tecnológicos (como nas biotecnologias, genética e cibernética) [Wallace, 2010:692-693].[55]

O Pós-humanismo [...] pode, portanto, ser visto como uma tentativa de criar uma plataforma conceitual interdisciplinar que reúna perspectivas e investigações das artes, humanidades e ciências perante uma interrogação radical e acelerada do que significa ser humano e qual(is) poderá(ão) ser o(s) fim(ns) reimaginado(s) do humano. Assim, ele se concentra fortemente nos desafios tecnológicos, culturais, sociais e intelectuais contemporâneos às noções tradicionais de humanidade e à instituição das humanidades [Callus e Herbrechter, 2012:250].

As definições anteriores oferecem um ponto de partida promissor para a discussão de papéis e do *status* da abordagem particular do passado incorporada na disciplina acadêmica da história à luz dos desafios do pós-humanismo e das pós-humanidades.

Qualquer consideração ao pós-humanismo deve afirmar, desde o início, que ele surgiu como resposta a um problema colocado em um novo contexto (particularmente o contexto do progresso tecnológico, mas também à luz dos fenômenos que se tornaram mais preponderantes no mundo contemporâneo, como pobreza, terrorismo, migração, atos repetidos de genocídio, danos ambientais e mudanças climáticas). Esse problema gira em torno das perguntas: O que é o humano? O que é a vida? Ao explorarem tais questões, os pesquisadores fazem as seguintes suposições: O mundo contemporâneo é caracterizado pelo progresso tecnológico acelerado que, por sua vez, traz uma transformação radical (e permite mudanças) da condição humana (pós-humanistas preferem esse termo a "natureza humana") e do ambiente cultural e natural.[56] "Podemos estar prestes a entrar

---

[55] Ver também Phillips (2015).
[56] Os pós-humanistas opõem-se ao dualismo entre cultura e natureza. Assim, para sublinhar sua codependência usam frequentemente o termo "natureza(s)-cultura(s)". Cf.: Latour (1994); Haraway (2004).

60 A HISTÓRIA PARA ALÉM DO HUMANO

num futuro pós-humano", escreveu Francis Fukuyama (2003:21), pontuando o início do "estágio 'pós-humano' da história". Um resultado desses processos, em particular os progressos nos campos da biologia, neurofisiologia, engenharia genética e engenharia biomédica, é que estamos observando agora uma "ciborguização" crescente e a emergência de um fenômeno conhecido como o pós-humano. Com essa específica figuração da subjetividade, adentramos o espaço do trans-humanismo que permanece antropocêntrico. Ele parte do princípio de que humanos enquanto espécie estão num processo constante de mudança e transformação na medida que a tecnologia contemporânea nos dá as ferramentas para aprimorar o ser humano de modo que ele/ela possa se tornar mais que humano por meio de modificações biológicas e tecnológicas – engenharia genética, nano-tecnologia, engenharia biomédica (próteses), medicina regenerativa, psicofarmacologia, desaceleração do processo de envelhecimento, liberdade morfológica, transferência mental etc.[57] Essas ideias, que pertencem às áreas de interesse tais quais os estudos pós-humanos das deficiências [posthuman disability studies], soldados pós-humanos, guerra pós-humana e esporte pós-humano (entre outras), podem estar associadas com a história do futuro (pós-humano) (Baofu, 2009). Elas são mencionadas algumas vezes nos trabalhos sobre a história da deficiência (Singer, 2010), história militar (Bourke, 2014; Coker, 2004) e história do esporte (Butryn, 2003), mas (pelo menos ainda) não transformam a reflexão histórica como um todo.

Os pós-humanistas rejeitam a definição humanista de ser humano como a medida de todas as coisas e sua fixação no sujeito narcisista e autônomo que – como os teóricos de gênero têm enfatizado – se revelou ser o homem branco, de classe média, europeu (antropocentrismo = androcentrismo). O objeto das pós-humanidades é, portanto, não o homem, mas o *anthropos* (ou o animal humano) em seus emaranhamentos de relações interespécies e ambientais. Inspirando-se, por um lado, no anti-humanismo de Gilles Deleuze, Jacques Derrida, Frantz

---

[57] Cf. Bostrom (2015); More e Vita-More (2013).

HISTÓRIA E PÓS-HUMANISMO **61**

Fanon e Michel Foucault[58] e nas discussões pós-estruturalistas sobre o fim/declínio do humano e, por outro, nas conquistas das ciências da vida, o pós-humanismo questiona a visão do ser humano nas tradições europeias e cristãs que apresentam uma imagem do humano como o centro do universo e o topo da hierarquia das espécies (chauvinismo de espécie). Em vez disso, ele se volta para uma concepção do ser humano como uma espécie que existe em relações com outras formas de vida orgânicas e não orgânicas. O humano é, assim, retratado como uma forma específica de vida entre outros animais por possuir consciência e linguagem, ser capaz de pensamento abstrato e racional e por criar cultura e civilização (com estas consideradas as formas mais complexas e desenvolvidas de vida comunitária). Seguindo os passos de biólogos (e autores de ficção científica), os pós-humanistas concebem a humanidade como um ecossistema particular, um holobionte (Gilbert, Sapp e Tauber, 2012) que, com efeito, forma um agrupamento (ou *assemblage*) que consiste nas várias espécies que o habitam e que permanece sempre em um processo de cocriação com outras formas de vida, máquinas e coisas. Como diz Donna Haraway (2007), parafraseando Bruno Latour, "nunca fomos humanos"[59] ou, pelo menos, nunca fomos o tipo de humano idealizado pelos modelos tradicionais das humanidades. Este tipo de pós-humanismo ecológico e pós-antropocêntrico está presente na história animal e ambiental.

O pós-antropocentrismo pode ser considerado fundamental às pós--humanidades. A neutralização das diferenças entre as humanidades e ciências sociais, de um lado, e as ciências da vida, de outro, é outra característica-chave das pós-humanidades. Isto estimula a formação de muitas disciplinas-ponte que ligam, para citar C. P. Snow, as "duas culturas", tentando assim responder de forma complementar às questões

---

[58] O anti-humanismo de Michel Foucault é bem conhecido. Ele afirmou que "o homem não passa de uma invenção recente, uma figura que não tem dois séculos, uma simples dobra de nosso saber, e que desaparecerá desde que este houver encontrado uma forma nova" (Foucault, 2000:XX). Ver também Derrida (1991). As origens pós-estruturalistas do pós-humanismo são ilustradas na antologia de textos anti-humanistas editada por Neil Badmington (2000).

[59] Ver também Gane (2006).

62 A HISTÓRIA PARA ALÉM DO HUMANO

sobre a humanidade e a vida. Quando se trata de pesquisa histórica, as relevantes disciplinas-ponte incluem a história multiespécies, neuro-história, bio-história, zoo-história e geo-história – estes são termos já familiares para a reflexão histórica (geo-história, por exemplo, foi um conceito usado por Fernand Braudel). No entanto, transformar teoria em prática no contexto das pós-humanidades demanda do(a) historiador(a) abordagens de pesquisa alternativas, como construir diferentes perguntas de pesquisa, levando assim ao uso de uma base diferente de fontes (como *big data*, paisagens, testemunhos animais), ao mesmo tempo que exige competência (educação formal) nos campos relevantes da história e das ciências naturais.[60]

Os historiadores e o pós-humanismo

Em 2013, ministrei um curso para estudantes de pós-graduação em Stanford sobre "O sujeito pós-humanista". Antes do início do trimestre, em março, eu estava empolgada para utilizar o pós-humanismo como um quadro teórico que permitiria aos estudantes e a mim mesma, interessada neste tópico, propor um conceito alternativo mais apropriado para abranger seres humanos e não humanos (como um conceito de pessoa que emerge da atual pesquisa antropológica e arqueológica sobre o animismo e o animado). Porém, já próximo do fim do curso, percebi que o pós-humanismo não é radical o bastante e está muito situado no discurso pós-estruturalista para propor uma teoria alternativa do sujeito.[61] Esta "falha" aconteceu porque eu estava usando pós-humanismo entendido como um discurso crítico. O

---

[60] A partir da perspectiva dessas tendências de vanguarda, o conceito de um mundo global está se tornando cada vez mais opressivo, ao passo que a identificação planetária apoiada em ideias de transculturalismo têm despertado bastante interesse. Mesmo que Gisli Palsson et al. afirmem que "até agora não existem 'humanidades planetárias'", eles indicam uma forte necessidade de projetos inovadores relacionados à ênfase do Antropoceno no acoplamento da sociedade humana com os sistemas terrestres". Cf. Palsson et al. (2013); Worster (1988).

[61] Dúvidas sobre o potencial do pós-humanismo também foram expressas por Ivan Callus e Stefan Herbrechter (2012:249), que questionaram se "o pós-humanismo é suficientemente radical em seu repensar da subjetividade".

HISTÓRIA E PÓS-HUMANISMO **63**

chamado "pós-humanismo crítico" é uma vertente da teoria crítica que se concentra no exame do que significa ser humano, da concepção essencialista da natureza humana e do excepcionalismo humano, e isso é fortemente ligado ao discurso anti-humanista originado em trabalhos de Nietzsche e Freud e representado por Jacques Derrida, Gilles Deleuze e Félix Guattari, Michel Foucault ou Frantz Fanon (entre outros). Fui levada a acreditar no contrário por conta da continuação óbvia entre a crítica pós-humanista do antropocentrismo e a crítica anti-humanista manifestada pelo ceticismo em relação ao conhecimento ocidental, o sujeito humano liberal e os discursos pós-estruturalistas sobre o fim ou a morte do homem/sujeito/autor. Tal abordagem está expressa em uma citação conhecida de um famoso anti-humanista – Michel Foucault – que afirmou que "o homem é uma invenção cuja recente data a arqueologia de nosso pensamento mostra facilmente. E talvez o fim próximo" (Foucault, 2000:535).[62]

O pós-humanismo crítico geralmente usado por historiadores não afasta o ser humano de seu campo de interesse, mas o descentraliza e problematiza as compreensões oferecidas pelas humanidades tradicionais, incluindo a história. Como diz Rafael Capurro (2012:9):

> Ir além do(s) humanismo(s) não significa ir contra o *"humanum"* mas contra a fixação sobre a humanidade do humano; isto por falhar em ver a dimensão que nos permite transformar a nós mesmos e o mundo.

Outro ícone do pensamento pós-humanista – Neil Badmington – declara:

> Eu vejo o "pós" em "Pós-humanidades" não como o anúncio do fim das Humanidades, mas como a marca de um engajamento crítico e gradual com a relação entre as Humanidades e a figura do "homem" [Badmington, 2006:266].[63]

---

[62] Ver White (1987).

[63] Uma definição similar foi oferecida por Jeff Wallace em um trecho citado anteriormente neste capítulo (seção "O que é o pós-humanismo?"). Ver: Wallace (2010:692-693).

64 A HISTÓRIA PARA ALÉM DO HUMANO

Ainda em meados de 1970, Peter Singer comparou especismo ao racismo e ao sexismo.[64] De fato, o pós-humanismo como uma vertente da teoria crítica é apenas outro tipo de discurso literário e emancipatório, e como tal um "clone" do pós-modernismo. Como tal, é também agenda de um "antropocentrismo iluminado" baseado no pressuposto de que nossas preocupações éticas com a natureza e os não humanos partem apenas de nossos deveres e responsabilidades para com os humanos, e que a natureza e os não humanos são preocupações secundárias. Ao fim e ao cabo, isso é a expressão de uma abordagem paternalista para com a natureza e os não humanos (e humanos vistos como não humanos).

Dominick LaCapra é um desses historiadores que percebe a história antropocêntrica como redutiva e responsável por apresentar uma imagem distorcida do passado ao estabelecer uma ideologia de especismo e excepcionalismo humano. No livro *History and its limits: human, animal, violence*, seu interesse volta-se para os debates filosóficos sobre o humanismo. LaCapra (2009:152) questiona

> se ele [o excepcionalismo humano] sempre exigiu um outro radical [...] sob a forma de alguma categoria de seres excluídos ou denegridos, muitas vezes outros animais ou a própria animalidade.

O autor reflete sobre a oposição binária entre humano e animal, e afirma que ela situa os animais em uma esfera separada, o que justifica práticas humanas opressivas e exploradoras em relação a eles (LaCapra, 2009:150; 153). Também afirma que

> o questionamento de um critério decisivo separando o humano do animal ou mesmo do resto da natureza tem ramificações generalizadas,

---

[64] Richard D. Ryder não apenas cunhou o termo especismo em 1970 como também notou: "A palavra especismo me ocorreu durante o banho, cerca de 35 anos atrás em Oxford. Era algo como o racismo ou sexismo – um preconceito moralmente irrelevante baseado em diferenças físicas" (Ryder, 2008). Essa ideia foi popularizada por Peter Singer (2010) em seu revolucionário livro *Libertação animal*.

HISTÓRIA E PÓS-HUMANISMO **65**

até mesmo indicando a necessidade de uma mudança massiva de paradigma nas relações entre o humano, o animal e a natureza em geral. Tal mudança não apenas marcaria um desvio do antropocentrismo, mas também apontaria para as inadequações do discurso dos "direitos", tanto humanos quanto animais [LaCapra, 2009:189].[65]

De maneira diferente, as questões sobre humanismo e antropocentrismo ressoam nas ideias de Gabrielle Spiegel. Ela toca nas questões centrais dos debates acadêmicos recentes – a saber, uma questão já colocada por pesquisadores pós-estruturalistas – "quem vem depois do sujeito?"[66] Em seu pronunciamento presidencial da American Historical Association, em 2008, Spiegel (2009:13) indicou que

sentimos que o domínio do pós-estruturalismo e do pós-modernismo na historiografia atual está diminuindo. [...] A nova historiografia, sem dúvida, exigirá também uma compreensão revista da subjetividade como algo mais do que as "posições sujeitas" discursivamente constituídas, enquadradas na teoria pós-estruturalista, mas também algo mais do que um sujeito humanista totalmente recentrado.

As tendências vanguardistas nas humanidades e ciências sociais de hoje não estão interessadas no humano, a menos que este seja não humano, a saber, a menos que lhe falte algo que nossa cultura tenha considerado uma marca da humanidade ou que tenha um excedente de algo que identifique seu excesso de humanidade. A questão do que constitui uma marca da humanidade e como medir seu nível coloca problemas imediatamente. É dignidade humana e livre-arbítrio, discurso articulado, mente reflexiva ou genótipo? Reflexões sobre sujeitos humanos desprovidos de pessoalidade (prisioneiros de campos desumanizados, apátridas, migrantes, aqueles mergulhados na pobreza extrema), daqueles que transcenderam a humanidade através

---

[65] Ver também LaCapra (2018).
[66] Cf. Connor, Cadava e Nancy (1991).

66 A HISTÓRIA PARA ALÉM DO HUMANO

do progresso biotecnológico como pessoas com deficiência, dadas as habilidades especiais graças a próteses e transplantes), e dos não mortos (cadáveres e, na cultura popular, zumbis e vampiros) têm se tornado objeto de particular interesse. E direi novamente: o não humano tem se tornado a figura paradigmática do contemporâneo e um ponto de referência para o futuro. Mas a não humanidade do sujeito humano analisada por acadêmicos trabalhando nos chamados "estudos da animalidade" (Lundblad, 2009) é apenas a ponta do *iceberg*. O problema é – e Spiegel está completamente ciente de tal situação – que não estamos perguntando agora "quem vem", mas "o que vem" depois do sujeito.

O impacto do pós-humanismo nos trabalhos dos historiadores se faz presente, por exemplo, no *Postmedieval: a Journal of Medieval Cultural Studies*, que é considerado um dos mais vanguardistas periódicos do campo das humanidades. Os dossiês temáticos abrangem tópicos como: "A virada animal", "As alteridades cognitivas/neuromedievalismo" e "Ecomaterialismo", com a presença de ícones do pensamento pós-humanista, tais como Bennett, Hayles e Wolfe.[67] Com efeito, um impacto do pós-humanismo pode ser traçado com maior facilidade nos campos da história animal e história ambiental, nos quais o lugar dos humanos na história da Terra e as relações humano-animal são discutidas. Por exemplo, Ted Steinberg está ciente de que

> levar em conta o mundo independente da natureza deve nos levar a repensar o significado da agência humana. Precisamos, em suma, de uma visão menos antropocêntrica e menos arrogante do conceito [Steinberg, 2002:819-820].

De forma similar, Richard D. Foltz (2003:11; 20) afirma que a história é sobre interações e interconexões e nós não devemos limitá--las a conexões entre humanos uma vez que "muitas de nossas mais significativas interações históricas têm sido e continuam a ser com não

---

[67] *Posmedieval*: The Animal Turn (2011); Cognitive Alterities/Neuromedievalism (2012); Ecomaterialism (2013).

humanos". Clamando por uma integração da história ambiental com a história mundial, ele afirma que

> a história mundial, se feita adequadamente – a saber, expandindo o tema das interações para incluir todos os atores, e não apenas os humanos –, não é apenas questão de boa cultura acadêmica, mas uma tarefa que pode ser vital para salvar o planeta! [Foltz, 2003:23].

No campo da história pós-colonial, onde os problemas do colonialismo, capital e mudança climática são discutidos, Dipesh Chakrabarty reflete sobre como nossa compreensão do humano está mudando quando discutida a partir do aquecimento global. "Tornar-se humano foi para nós uma questão de se tornar um sujeito" – ele destacou seu envolvimento na escola de história subalterna.

> A crítica do sujeito não foi a mesma que performada pelo anti-humanismo althusseriano dos anos 1960 e 1970. [...] A crítica pós-colonial do sujeito foi, na verdade, uma virada mais profunda em direção ao humano [Chakrabarty, 2012:4].

Na era do Antropoceno, porém, onde humanos são vistos como agentes geológicos, precisamos de "formas não ontológicas de pensar o humano" (uma vez que coletivamente os humanos formam uma força geofísica que é uma agência não ontológica). Chakrabarty é, obviamente, um dos "sobreviventes"; um acadêmico com uma admiração profunda pelo humanismo (iluminista) e seus valores (liberdade, justiça, direitos). Apesar do apelo de Chakrabarty para "pensarmos nos seres humanos como uma forma de vida e olharmos para a história humana como parte da história da vida nesse planeta" (Chakrabarty, 2013:15), os pós-humanistas pós-antropocêntricos ainda criticariam seu "antropocentrismo iluminista".

Ideias semelhantes ressoam nos trabalhos de *deep history* (história profunda) e *big history* (grande história) em nomes como David Christian, Daniel Lord Smail e Fred Spier, que se dedicam a uma perspectiva

68 A HISTÓRIA PARA ALÉM DO HUMANO

de longo tempo na qual os humanos são vistos por uma perspectiva evolucionária.[68] Tal abordagem é também apresentada por Libby Robin e Will Steffen que, em tom de manifesto, escrevem:

> Hoje em dia, o fazer histórico não precisa mais da noção grosseira de "progresso" que a luta política antropocêntrica pela "paz" exigia nos anos 1940. Em vez disso, esta história mundial está voltada para o Antropoceno. Esta história está a serviço da cooperação humana pelos interesses do planeta. [...] A história mundial não se resume às conexões passadas na comunidade humana, assim como também não se trata de sistemas terrestres independentes das pessoas. Na época geológica do Antropoceno, ela deve ser sobre "os seres humanos e o resto da natureza", tomados em conjunto com escalas apropriadas às questões da história. A comunidade da história mundial é biofísica e humana, e os agentes de mudança são físicos e sociais. [...] A nova história global requer pensar em escala planetária, para o bem último do planeta, porque as ameaças decorrem dos comportamentos inesperados de sistemas naturais fundamentalmente modificados. [...] A mudança global requer uma nova ideia de "patriotismo", uma lealdade não ao país, mas à Terra [Robin e Steffen, 2007:1711-1712].

As ideias de incluir a história nas discussões sobre o Antropoceno que nos permitem pensar sobre o passado em termos de tempo geológico e escala planetária e de fortes interconexões e codependência entre humanos e natureza, assim como nos permitem considerar a história em termos positivos de cooperação, coevolução e união, em vez de conflito e competição, parecem ser motivações típicas da história pós-humanista, como entendida anteriormente aqui. Elas são visíveis em subcampos da história como história do trabalho, história das cidades e história militar. Note como as ideias de cidadania, colaborador e patriotismo (e os sistemas políticos e sociais baseados nelas),

---

[68] Cf. Christian (2004); Fernández-Armesto (2009); Spier (2010); Smail (2008); Shryock et al. (2011).

tão caras à história, mudariam se seu objeto não fosse o humano, mas o não humano (animal, ciborgue); se não fosse uma nação ou país, mas as espécies e o planeta.

O pós-humanismo humanista

Naturalmente, há muito tempo já foram feitas tentativas de voltar a atenção dos historiadores para a pesquisa sobre o clima e o meio ambiente. Por exemplo, Emmanuel Le Roy Ladurie (1967:19) adotou uma perspectiva de longa duração e criticou o "antropocentrismo ingênuo" de pesquisadores que atribuíam importância excessiva à influência do clima na migração e crises econômicas. Ele declarou que "o objetivo da história do clima não é explicar a história humana" (Le Roy Ladurie, 1973:513). Por outro lado, ele foi a favor da "história do clima como um rosto humano" que investigaria como a mudança climática impactou as condições de vida humana. De acordo com Le Roy Ladurie (1967:19; 25-26), isso constituiria uma história ecológica preocupada com a mudança climática não por si só, mas pelo bem do ser humano. O que foi inovador em sua abordagem, no entanto, foi a escolha de seu tópico, visto que ele explorou a questão da "ecologia humana", abrindo assim perspectivas de pesquisa na "história natural". Não obstante, o quadro teórico de Le Roy Ladurie permaneceu leal ao humanismo e seu privilégio do humano.

Esse exemplo fornece uma pista sobre a revalorização pós-humanista da reflexão histórica. A introdução (ou melhor, a reintrodução em novo contexto) das pesquisas sobre animais, plantas, coisas, meio ambiente e clima, entre outros tópicos, é, no entanto, insuficiente. Não se trata de produzir outros campos de interesse em relação a plantas, animais ou questões ecológicas. O que é crucial é a formação de uma estrutura teórica interpretativa que possa inspirar diferentes perguntas de pesquisa e oferecer interpretações alternativas, ao mesmo tempo que exige a construção de novos conceitos e teorias em uma situação na qual a teoria existente está "atrasada em relação aos fatos" (para

70 A HISTÓRIA PARA ALÉM DO HUMANO

usar a expressão de Imre Lakatos) e a incomensurabilidade emerge entre a prática e as teorias que procuram descrevê-la. Como Wolfe (2010:124) afirma:

> É possível se engajar em uma prática *humanista* ou *pós-humanista* de uma disciplina, e esse fato é crucial para o que uma disciplina pode contribuir para o campo dos estudos dos animais. Por exemplo, não é porque um historiador dedica a atenção ao tópico dos animais não humanos – digamos assim, a terrível situação dos cavalos utilizados em operações de combate durante a Primeira Guerra Mundial – que o humanismo e o antropocentrismo não estão sendo mantidos e reproduzidos em sua prática disciplinar. [...] Assim, mesmo que – voltando ao exemplo do historiador – seu conceito de relações externas da disciplina com seu ambiente mais amplo seja pós-humanista ao levar a sério a existência de sujeitos não humanos e a consequente compulsão de responder à questão dos animais não humanos imposta por mudanças no âmbito da disciplina, sua disciplinaridade interna pode permanecer profundamente humanista. Então, podemos agora – caminhando para uma conclusão – sugerir um esquema mais abrangente no qual tal procedimento possa ser chamado de "pós--humanismo humanista".

Faço coro com os acadêmicos que acreditam que a história deve ser orientada para o futuro (embora existam múltiplos caminhos que levam a uma aceitação dessa perspectiva orientada para o futuro, e sua adoção leve a várias descobertas). Ainda nos anos 1970, um conhecido historiador polonês – Jan Kieniewicz – fez uma declaração que pode ser considerada o lema da historiografia na era pós-humanista:

> O historiador que tem a coragem de entrar no passado, reconstituí-lo e explicar seu significado para o mundo contemporâneo deve constantemente abrir o caminho para o que ainda está por vir. A futurologia é uma consequência de fazer História; é sua quintessência [Kieniewicz, 1975:173].

HISTÓRIA E PÓS-HUMANISMO **71**

Em um artigo recente, Kieniewicz (2014:66; 76) escreveu que este caráter prospectivo de pensar sobre o passado exige otimismo e deveria, como ele continua a argumentar, "romper com o conservadorismo do medo e reviver a fé no futuro". Embora suas declarações sejam parecidas com as apresentadas por pesquisadores reconhecidos como representantes das pós-humanidades,[69] Kieniewicz explicitamente descreve a si mesmo como um humanista dedicado à história da humanidade, que é orgulhoso de sua civilização (eurocêntrica?), para quem o desafio principal não é o meio ambiente, mas o ser humano. Ainda assim, ele se associa à perspectiva futuro-orientada do humanismo, acreditando ser uma obrigação civil e um traço desejável nos pesquisadores (no sentido de assumir a responsabilidade tanto pelos aspectos bons quanto pelos ruins da civilização com a qual se identifica) (Kieniewicz, 2014:66-67; 80). A posição de Jan Kieniewicz é, portanto, próxima da de Emmanuel Le Roy Ladurie que, seguindo Wolfe, poderia ser descrita como um "pós-humanismo humanista". Esta é a atitude dominante, eu diria, entre os historiadores dedicados às pesquisas vanguardistas das humanidades.

A história animal como história não antropocêntrica

As opiniões cautelosas de historiadores sobre a crítica ao humanismo e visões não antropocêntricas do passado são compreensíveis. Em grande parte, são um produto do ponto de vista ideológico de um acadêmico, dos interesses de pesquisa, localização geográfica e geração que ele ou ela representa. É possível comparar, então, as abordagens de Le Roy Ladurie e Kieniewicz sublinhadas anteriormente com a perspectiva apresentada por uma acadêmica pertencente a uma geração mais nova – Erica Fudge, que trabalha com animais no início do período moderno. Assim como Kieniewicz, ela concorda que a história deve

---

[69] Cf. Braidotti (2010); Massumi (1993).

72 A HISTÓRIA PARA ALÉM DO HUMANO

ser considerada "como o projeto do passado, mas *em direção ao* futuro" (Fudge, 2002:3). Situando o papel da história dos animais dentro dessa perspectiva, ela declara que "a história dos animais é uma parte necessária de nossa própria reconceitualização enquanto humanos" (Fudge, 2002:5). Kieniewicz e Le Roy Ladurie certamente não levantariam objeções às reivindicações anteriores. Fudge, entretanto, vai além. Ao afirmar que a história deve se voltar para o anti-humanismo, ela lança um apelo que ressoa em tom de um manifesto:

> Devemos abandonar o *status* do humano tal como ele é apresentado dentro da história humanista. [...] Ao rejeitar o humanismo e, implicitamente, o antropocentrismo, nós nos colocamos ao lado dos animais, e não como usuários dos animais, e isto abre uma nova maneira de imaginar o passado. [...] Devemos escrever uma história que rejeite a separação absoluta das espécies; rejeite aquilo que é a suposição silenciosa da história humanista [Fudge, 2002:15-16].

O pleno potencial dessa ideia é revelado nessa pesquisa específica. É suficiente imaginar como a história dos animais (ou, de maneira mais geral, a história multiespécies) está mudando a cara de subdisciplinas da pesquisa histórica como história do trabalho ou história da guerra. Isso mostra que o trabalho é frequentemente baseado na colaboração com animais, cuja participação na produção é mencionada, mas marginalizada, e, por isso, pouco pesquisada (por exemplo, cavalos em minas de sal, cães pastores e bois utilizados na lavoura). Não discutirei animais em campos de batalha, muitos dos quais se tornaram não apenas companheiros de guerra, mas também adquiriram fama como heróis não humanos, como o conhecido herói canino Sargento Stubby da Primeira Guerra Mundial, o pombo G. I. Joe, que recebeu a Medalha Dickin (também referido como Animal Victoria Cross) e o urso Wojtek (ou Voytek), o herói polonês da Segunda Guerra Mundial. Nesta perspectiva, o trabalho e a guerra aparecem como um esforço multiespécies, baseado na colaboração entre elementos humanos e não humanos. O heroísmo não é apenas um atributo humano.[70] Entretanto, tudo isso ainda é insuficiente. Fudge apresenta um duro desafio aos historiadores: transcender o antropocentrismo típico da pesquisa histórica e criar um projeto de história não antropocêntrica que conteste a concepção tradicional da história humanista. Mas este não é o único desafio. De acordo com a sugestão de Wolfe, como descrita anteriormente, de que "é possível engajar em uma prática humanista ou pós-humanista da disciplina", o desafio é transcender o objetivo de "escrever os animais na história", algo que os pós-humanistas consideram um objetivo extremamente limitado. Exploremos essa discussão por um momento.

Hilda Kean compara os problemas associados com a escrita da história dos animais com aqueles que emergiram no contexto da escrita da história das mulheres, de grupos marginalizados, aqueles que tiveram suas vozes negadas pela grande história, e em geral com "a história vista de baixo". Em um primeiro momento, esses sujeitos são reconhecidos como sujeitos históricos, e assim tornam-se parte da pesquisa histórica *mainstream*. Em seguida, eles se tornam agentes históricos capazes de transformar a realidade sociocultural (Swart, 2010).[71] Assim, a ausência de fontes criadas por esses mesmos "outros" é um característico problema de escrever a história deles (falta de fontes = falta de história). Kean (2012:55-60) escreve:

> Um reconhecimento da existência de um "passado" – seja considerando animais ou humanos – precisa preceder o fazer de uma história. A maioria dos que trabalham no campo dos Estudos Animais não contestariam que (pelo menos certos) animais têm vidas *passadas*. Se vidas passadas se tornam ou não vidas "históricas", isso não depende dos próprios sujeitos – sejam estes animais ou humanos –, mas daqueles que ao escreverem sobre eles escolhem construir uma história. Esta é

---

[70] Há uma extensa literatura sobre este assunto, embora consista principalmente de publicações que são exemplos típicos sobre "escrever os animais na história". Por exemplo, sobre soldados-animais: Cf. Le Chene (1994); Cooper (1983); Hediger (2013); Karunanithy (2008); Kistler (2014).

[71] Ver também Fudge (2002:5-6).

uma distinção importante. Como sugeriu Daniel Smail, "admitir que outros animais não têm sentido de história é uma coisa bem diferente de afirmar que os animais não podem fazer parte da história". [...] A questão não é, pois, sobre a agência de sujeitos históricos como tais (neste caso, os animais), mas sobre as escolhas, a agência se preferir, daqueles que procuram transformar tais ações em história. Há uma distinção a ser feita entre eventos ocorridos no passado em que mesmo os mais conservadores dos historiadores concordariam que os animais desempenharam um papel, mais obviamente na economia, no transporte ou na guerra, e a transformação deste assunto em histórias particulares que privilegiam os animais.

A conhecida tríade – humanidade, agência e resistência – situa a ideia da agência dentro do quadro dos direitos humanos (e animais). A utilização de tais estruturas interpretativas na escrita da história dos animais nos leva a cair nas mesmas armadilhas da escrita da história emancipatória dos vencidos e vítimas – ou seja, os animais são tratados como "outros" (assim como acontecia anteriormente com as mulheres, os negros, os deficientes etc.). Conceber animais através de categorias de alteridade, comparando-os a servos e escravos, é interessante no nível da historiografia tradicional, cujo objetivo fundamental é revelar fatos desconhecidos do passado (que é algo valioso em si mesmo). No entanto, a partir de uma perspectiva teórica, isso dificilmente constitui um desafio. Concordo, portanto, com Hilda Kean (2012:65) quando diz que "escrever os animais na história" é insuficiente. A estrutura interpretativa precisa ser reformulada.

Os estudos animais nas pós-humanidades (e bio-humanidades) poderia ajudar a pesquisa histórica a transcender a hermenêutica redutiva (no que diz respeito à história dos animais) e a perspectiva antropocêntrica (Baratay, 2012; 2015a). O que é inovador na abordagem das pós-humanidades para escrever a história dos animais em comparação com as formas como o tema dos animais havia sido abordado em pesquisas históricas anteriores é que, primeiro, os estudos animais são conduzidos dentro da estrutura teórica alternativa oferecida pelas pós-humanidades, com base no trabalho de acadêmicos considerados seus principais representantes (Haraway, Latour, Wolfe); segundo, os animais não são explorados como símbolos ou "ferramentas" usadas por humanos, mas investigados como sujeitos e agentes históricos com os quais humanos compartilham seu mundo e cocriam esse mundo; terceiro, essa abordagem estimula o interesse na natureza animalesca dos seres humanos e nos recorda de que, através de uma perspectiva biológica, o ser humano é um animal, logo é importante explorar as ideias e práticas que levaram e legitimaram a separação entre humanos e animais e que produziram a ideia de excepcionalismo humano.

Conclusão

Vejo o pós-humanismo (assim como o ambientalismo)[72] não como um novo paradigma, mas como um sinal de que é necessária uma maneira radicalmente nova de abordar o conhecimento do passado (conhecimento este que seja mais inclusivo, integrativo, holístico, complementar, transgressivo, visionário). Também considero o pós--humanismo (tal como anteriormente o pós-modernismo) como uma passagem para uma nova condição (pós-humana) – a qual não associo necessariamente à conhecida discussão sobre o aprimoramento humano e à ideia de ser humano que é projetado e transformado pela tecnologia e, como tal, alcança uma nova etapa na evolução humana. O pós--humanismo traz uma perspectiva antecipatória para as humanidades. Quando adequadamente definido, o pós-humanismo pode ser – como escreveu Rosi Braidotti (2013:5) – "uma ferramenta de navegação" para a história futuro-orientada que se engaja com o presente e seu passado; a história que é parte do conhecimento pós-humano (entendido como pós-antropocêntrico, pós-eurocêntrico, pós-secular, pós-branco,

---

[72] Richard McNeil Douglas (2010:214) afirma que o ambientalismo "não é em si um novo paradigma, mas sim uma antítese [do paradigma moderno do progresso] que emerge da crescente contradição entre progresso e realidade, e só então indica [...] a necessidade de um novo paradigma".

76 A HISTÓRIA PARA ALÉM DO HUMANO

pós-gênero etc.). Certamente, como já enfatizado, estou falando de tendências vanguardistas nos estudos históricos e não sobre uma história *mainstream*. Interesso-me agora pelas tendências e abordagens marginais que possam se tornar no futuro as tendências de desenvolvimento mais dinâmicas na disciplina histórica, a saber: a neuro-história, a história multiespécies, a *big history*/história planetária, a história do patrimônio geológico etc. O que estou dizendo aqui não é normativo. Sem dúvida que os historiadores interessados em abordagens que são consideradas "tradicionais" e "convencionais" continuarão a fazê--lo. Não estou advogando aqui que todos os historiadores devam se converter ao pós-humanismo. Estou direcionando minhas palavras sobretudo à geração mais jovem de acadêmicos que se interessam por tendências vanguardistas e por combinar as "duas culturas" (ciências humanas e naturais), além de transgredir a si próprios como sujeitos situados em um determinado tempo, espaço, raça, gênero e etnia.

Eu vejo o pós-humanismo como uma tentativa de desenvolver um corpo de conhecimento não antropocêntrico, pós-eurocêntrico, holístico, inclusivo e integrador que conecta não apenas as ciências humanas e sociais com as ciências biológicas, mas que também inclui conhecimentos indígenas. Nesse contexto, pós-secularismo pode ser compreendido como um movimento "além da secularidade", como uma abertura positiva da teoria da história a várias formas de espiritualidade e abordagens não científicas. Ressalto aqui o aspecto da positividade, pois o pós-secularismo está frequentemente associado ao utopismo apocalíptico *à la* Walter Benjamin assim como ao discurso de extinção das espécies, degradação ambiental, catástrofes sociais (pobreza, terrorismo, aspectos negativos das migrações). Considero tal utopia apocalíptica negativa como reacionária e, em vez disso, prefiro falar de "humanidades afirmativas" e teoria da história afirmativa que, ainda que não evitem questões de trauma e sofrimento, transcendem a negatividade e o discurso muitas vezes depressivo e desempoderador do pós-modernismo.[73]

---

[73] Desenvolvi o projeto das "Humanidades afirmativas" em Domańska (2018).

Aliás, dada a vasta literatura sobre o tema, é bastante surpreendente que a virada pós-secular, por vezes rotulada como uma virada para a religião ou uma virada teológica (também parcialmente enraizada no interesse pós-modernista pela religião e teologia), é pouco notada pelos historiadores.[74] As interseções entre o pós-secularismo e o pós-humanismo abriram possibilidades para pesquisar a questão do antropocentrismo (e antropomorfismo), os laços humanos e não humanos e as relações com a natureza e o planeta. Aliada às ciências da vida e da Terra, à ecoteologia ou teologia verde e à teologia animal, como praticadas em religiões monoteístas, esta abordagem não apenas ilumina os problemas mencionados anteriormente, mas também – como no caso da antropologia e da sociologia – muda a forma como uma disciplina é praticada (Fountain, 2013; McLennan, 2007).

A virada pós-secular na teoria da história nos permite tratar religiões e crenças como fontes para conhecimentos alternativos do passado e como saber prático. O pós-colonialismo enquanto anti--historicismo (historicização é também uma assimilação colonial de crenças não ocidentais) ajudará nessa abordagem. Eu defenderia que as pós-humanidades e humanidades ecológicas com sua abordagem não antropocêntrica (que veem o mundo em termos de coletivos humanos e não humanos, espécies companheiras e a partir da centralidade de relações de parentesco com o mundo natural) e seu interesse em conhecimentos ecológicos tradicionais já anunciaram uma mudança fundamental que tem ganhado cada vez mais espaço na consciência dos acadêmicos.

O que o pós-humanismo tem feito com a história? Ele mostra a limitação da história como uma abordagem específica do passado. O pós-humanismo sinaliza um desafio ainda mais importante que as tendências associadas com o pós-modernismo sinalizaram. Ele desafia as próprias fundações da história entendida como uma abordagem específica do passado desenvolvida dentro da estrutura das tradições greco-romanas e judaico-cristãs com seu viés antropocêntrico (e até

---

[74] Cf. Megill, 2013.

78 A HISTÓRIA PARA ALÉM DO HUMANO

zoocêntrico), eurocentrismo, geocentrismo e ideia de que apenas humanos podem produzir conhecimento. Lembro novamente a previsão de Marc Bloch de que nossa civilização poderia virar as costas para a história.[75] Por outro lado, os esforços em curso para redefinir a humanidade e as relações entre humanos e não humanos fazem com que a história – entendida como autoconhecimento humano – ganhe uma importância primordial,[76] isto sob a condição de que ela tenha uma visão crítica da afirmação da humanidade. Talvez precisemos de uma história que nos encoraje a ser e continuar sendo humanos (em relações com pós-humanos e vários não humanos) sem fazer disso uma forma de egoísmo. Tal conhecimento pode enfrentar a tarefa extremamente importante e desafiadora de demonstrar a possibilidade de criar e reforçar um sentimento de "humanidade compartilhada" e solidariedade das espécies; de mostrar do que isso depende e como isso mudou. Mesmo que o pós-humanismo influencie apenas as tendências vanguardistas nos estudos históricos e não uma história *mainstream*, e mesmo que já seja considerado muito limitado e esteja prestes a ser superado, ele mostra a necessidade de uma história mais visionária e orientada para o futuro.

Eu proporia localizar as discussões sobre "história e pós-humanismo" (ou melhor, pós-humanismos) dentro do problema da produção de um conhecimento (histórico) orientado para o futuro.[77] A isso chamemos – seguindo os acadêmicos que trabalham na gestão do conhecimento – "história antecipatória". "O desafio é [como Claus Otto Scharmer escreve] desenvolver a capacidade de 'pré-cognição', a

---

[75] "Sem dúvida, também as civilizações podem mudar. Não é inconcebível, em si, que a nossa não se desvie da história um dia. Os historiadores agirão sensatamente refletindo sobre isso" (Bloch, 2002:42).

[76] Como R. G. Collingwood (1981:22) argumentou, "a história é *para* o autoconhecimento humano. Julga-se, geralmente, que é importante, para o homem, que ele se conheça a si próprio. [...] Conhecer-se a si mesmo significa saber, primeiramente, o que será o homem. [...] O valor da história está então em ensinar-nos o que o homem tem feito e, deste modo, o que o homem é".

[77] Esse problema foi mencionado por Erica Fudge (2002:3) ao se referir à história "como o projeto do passado, mas para o futuro".

HISTÓRIA E PÓS-HUMANISMO **79**

capacidade de sentir e atualizar os potenciais emergentes."[78] Em minha visão, isso é um desafio educacional da pedagogia pós-humanista em sua tarefa de educar acadêmicos que sejam capazes de "ver oportunidades emergentes antes que elas se manifestem". Scharmer (2001:137) chama isso de "um conhecimento tácito prévio a sua incorporação, ou 'conhecimento autotranscendente'". Lembro a famosa expressão de Karl Wilhelm Friedrich Schlegel (1967:176): "o historiador é o profeta que olha para trás". Eu diria que precisamos de historiadores que possam antecipar o futuro. Alguém poderia perguntar: Por que precisamos de tais "profetas" do conhecimento? Primeiro, porque o futuro das humanidades e da história corre um sério risco. Não estou falando da crise habitual da história causada por seu engajamento político, pós-modenismo, pós-humanismo ou o que quer que seja. Estou falando de problemas institucionais, de comercialização da academia. Sou uma entre os estudiosos e estudiosas que veem a necessidade de reinventar as humanidades para nos ajudar a ver o mundo de uma nova maneira. Nesse processo de transformação da consciência, há uma necessidade de "novas ciências" (baseadas na sabedoria prática e adaptativa relacionada à inteligência coletiva e distribuição de cognição). Para tal conhecimento, a capacidade de constantemente aprender (e desaprender, se for preciso) a se adaptar é indispensável. A tarefa é utópica – metacognição coletiva.

Ou os historiadores participarão dos debates multidimensionais e multidisciplinares em curso sobre o passado ou a história enquanto disciplina perecerá (presumo que historiadores gostariam de defender a disciplina). O historiador orientado para o futuro deverá participar de um processo contínuo de criar um conhecimento do passado mais inclusivo, holístico e multiespecífico que incluirá as humanidades e ciências da vida, assim como formas de conhecer indígenas. Precisamos de uma história potencial – seguindo Ariella Azoulay – e visionária.

---

[78] Cf. Scharmer (2001). O psicólogo social Daryl J. Benn, em seu polêmico artigo "Feeling the future: experimental evidence for anomalous retroactive influences on cognition and affect" demonstrou evidências positivas para a pré-cognição. Se comprovada, ela abalará os fundamentos da ciência (como acadêmicos afirmam). Cf. Benn (2011).

80 A HISTÓRIA PARA ALÉM DO HUMANO

Esse tipo de história encoraja estudiosos a explorar o potencial não realizado do passado, numa tentativa de revelar que condições precisam ser criadas para permitir que as pessoas se acostumem umas com as outras e mostrem como elas podem coexistir ainda que em condições de conflito. Percebo esse aspecto utópico do pós-humanismo em sua busca por novas formas (bio-, inter- ou multiespécies) de socialidade, coletividade e comunidade como um aspecto crucial para um conhecimento prefigurativo e holístico sobre o passado. Tal conhecimento não deverá ser guiado por medos diversos de extinção, catástrofes ecológicas ou progresso tecnológico.[79] Precisamos de conhecimentos que não apenas nos permitam compreender melhor o mundo ao nosso redor, mas que, antes de tudo, nos preparem para aquilo que é fundamentalmente diferente do presente – o futuro por vir.

---

[79] Brian Massumi (1993) afirma que o estado de espírito definidor do pós-moderno é o medo de viver na sombra dos vários desastres iminentes. Em sua opinião, o medo que está presente na vida cotidiana é parte integrante do capitalismo de consumo. Ver também Bauman (2008).

Capítulo 3
História animal

Este capítulo reflete sobre a história animal e apresenta seus principais argumentos e tarefas futuras. Seu principal objetivo é identificar as novas perspectivas e potenciais de pesquisa propostos por este subcampo dos estudos históricos. Estes incluem tópicos como o problema "do ponto de vista animal", agência animal (animais entendidos como agentes e atores "históricos"), o problema da identificação de traços de ações animais em arquivos antropocêntricos e a busca de novas fontes históricas (incluindo testemunhos animais). O presente capítulo também explora dificuldades metodológicas, especialmente com a ideia de historicização dos animais e a possível fusão das humanidades e ciências sociais com as ciências naturais e biológicas. Neste capítulo, considero que estudar animais obriga estudiosos a repensar os fundamentos da história enquanto disciplina. Além disso, afirmo que as propostas mais progressivas vêm de pesquisadores (muitos deles historiadores) que defendem a interdisciplinaridade radical. Eles não estão apenas interessados em fundir a história com ciências específicas (como psicologia animal, ecologia, etologia, biologia evolutiva e zoologia), mas também questionam os pressupostos básicos da disciplina: a autoridade epistêmica reivindicada pelos historiadores para construir o conhecimento do passado, bem como a autoridade epistêmica humana para criar tal conhecimento. Nesse contexto, várias perguntas emergem: Poderíamos alcançar a "competência interespécies" (termo de Erica Fudge) necessária para criar um conhecimento multiespecífico do passado? Poderiam as pesquisas sobre a percepção de mudança em animais nos ajudar a desenvolver abordagens não históricas do

82 A HISTÓRIA PARA ALÉM DO HUMANO

passado? Como poderíamos imaginar narrativas do passado baseadas em coautorias multiespécies?

O ponto de vista animal

"O ponto de vista animal" é uma paráfrase de uma afirmação clássica feita por Bronislaw Malinowski em seu livro *Argonautas do Pacífico Ocidental* (1976). Malinowski defende que o principal objetivo do etnógrafo é apreender "o ponto de vista do nativo". O "ponto de vista do nativo" passou a ser considerado um ponto de partida legítimo e necessário do estudo antropológico. A fim de desenvolver o argumento, citarei um fragmento inteiro que ajudará a contextualizar a declaração de Malinowski.

Os objetivos da pesquisa de campo etnográfica podem, pois, ser alcançados através de três diferentes caminhos:

1. A *organização da tribo e a anatomia de sua cultura* devem ser delineadas de modo claro e preciso. O método de *documentação concreta e estatística* fornece os meios com que podemos obtê-las.
2. Este quadro precisa ser completado pelos *fatos imponderáveis da vida real*, bem como pelos *tipos de comportamento*; coletados através de observações detalhadas e minuciosas que só são possíveis através do contato íntimo com a vida nativa e que devem ser registradas nalgum tipo de diário etnográfico.
3. O *corpus inscriptionum* – uma coleção de asserções, narrativas típicas, palavras características, elementos folclóricos e fórmulas mágicas – deve ser apresentado como documento da mentalidade nativa.
Essas três abordagens conduzem ao objetivo final da pesquisa, que o etnógrafo jamais deve perder de vista. Em breves palavras, esse objetivo é o de apreender o ponto de vista dos nativos, seu relacionamento com a vida, *sua* visão de *seu* mundo [Malinowski, 1976:37-38, grifos no original].

HISTÓRIA ANIMAL **83**

Parece-me que não é apenas a ideia de Malinowski da escrita etnográfica a partir do "ponto de vista nativo" que se aproxima dos objetivos que têm guiado muitos estudiosos interessados em escrever história animal, mas também a similaridade entre os princípios de pesquisa. Os historiadores têm tentado apreender o comportamento animal (típico e por vezes estranho) e documentar vidas animais por meio de várias fontes históricas escritas e materiais, documentários e observações. Esses estudiosos têm se empenhado em mostrar como animais são uma parte importante de nosso mundo e história, assim como de nossa espécie (exatamente como Malinowski viu a importância dos nativos). No entanto, essa abordagem é severamente criticada na antropologia. Clifford Geertz (1997) foi cético à visão romantizada de Malinowski em relação à pesquisa de campo (talvez exista aqui uma analogia com historiadores fetichizando fontes históricas). Outros antropólogos observaram que empregar o "ponto de vista do nativo" privilegia o nativo ao partir do princípio de que ele/ela tem um melhor entendimento do que um observador. Isso também implica um pressuposto de que *podemos* realmente compreender o mundo a partir do ponto de vista dos nativos e que *podemos* representá-los de forma precisa o suficiente, de modo a não violar as percepções que eles têm de si mesmos e de seu mundo.[80]

A razão que me leva a destacar o problema do "ponto de vista nativo/ animal" é que os historiadores dos animais[81] usam esta frase sem qualquer crítica e, por isso, caem na mesma armadilha que os antropólogos.

---

[80] Kristen Hastrup (2013:171) critica essa posição: "Os critérios de aceitabilidade teórica da razoabilidade não são dados por Deus nem pelos nativos. Eles são postos em uma comunidade acadêmica de possíveis dissidentes e dependem de um grau de adequação à experiência. Não se pode inventar o mundo com teoria".
[81] N. do. T.: Optamos pela forma "historiadores *dos* animais" para traduzir os termos *animal historians*. Isso porque a expressão "historiadores animais" é ambígua se vista a partir do arcabouço teórico mobilizado por Domańska, podendo significar tanto aqueles que praticam história animal quanto historiadores animais não humanos. Como, segundo nosso entendimento, os usos de *animal historians* referem-se a historiadores humanos que praticam história animal, optamos pela forma "historiador(es) dos animais" para desfazer quaisquer ambiguidades que pudessem emergir na leitura do texto.

84 A HISTÓRIA PARA ALÉM DO HUMANO

Eles também tratam os animais como "outros" que não podem falar por si mesmos.[82] Esta razão tem consequências metodológicas significativas para o projeto de "escrever os animais na história",[83] considerado atualmente como sendo muito limitado em seus objetivos.[84] Ela também ressoa no problema de conceitualizar o tema principal da história animal: a agência animal. Nesse contexto, escrever história do "ponto de vista animal" é uma metáfora que expressa o desejo de uma "história mais simétrica",[85] que abordaria os animais como sujeitos e agentes.[86] No entanto, para cientistas que trabalham com cognição, comportamento e psicologia animal, o termo "ponto de vista animal" é compreendido em termos de uma possibilidade de comunicação entre espécies.[87]

---

[82] Por exemplo, Concepción Cortés Zulueta escreve que a nova perspectiva oferecida pela história de Michael (animal) revela um "outro negligenciado e ignorado que tem um ponto de vista". Como tal, é análoga a uma "perspectiva, igualmente formada em condições de relativa falta de poder como a das mulheres, das pessoas colonizadas, das minorias e de indivíduos *queer*" (Zulueta, 2015:125-126). Enquanto tentavam atribuir agência às coisas, arqueólogos tratavam os objetos materiais como "outros". Essa abordagem caracteriza as discussões sobre as coisas antes de a epistemologia relacional se tornar popular. Eu discuto este problema em Domańska (2006).

[83] N. do T.: No original: *"writing animals into history"*.

[84] Ver também: Swart (2010); Kean (2012).

[85] Minha utilização do termo "história simétrica" é análoga à "arqueologia simétrica", já mencionada no final do primeiro capítulo deste livro. Ver: Witmore (2007:546). Ver também Olsen (2012).

[86] O livro de Éric Baratay, *Le Point de vue animal: une autre version de l'histoire* [*O ponto de vista animal: uma outra versão da história*], de maneira semelhante abrange muitas ideias apresentadas na obra analisada nesta seção. Baratay também se dedica a apresentar "o lado animal da História", indo além da história humana dos animais (*l'histoire humaine des animaux*) e documentando experiências vividas com animais. Cf. Baratay (2012). Ver também: Baratay (2015b). Em contrapartida, Françoise Wemelsfelder apresenta uma abordagem diferente ao "ponto de vista animal". Inspirada pela filosofia da linguagem e fenomenologia, ela escreve sobre o acesso à experiência subjetiva animal. Ela argumenta que "a experiência subjetiva de bem-estar e sofrimento em animais não é, como frequentemente assumida, fundamentalmente inacessível a observações externas; esta visão deriva da concepção equivocada da experiência como um 'objeto causal' em modelos mecanicistas de comportamento. A experiência subjetiva deve ser abordada em seus próprios fundamentos conceituais, como uma perspectiva do que é ser um determinado indivíduo animal. Os animais são então percebidos como agentes, como quem 'se comporta', cujo estilo dinâmico de interação pode ser tomado como um critério expressivo para sua experiência subjetiva". Como salienta Wemelsfelder (1997:73), "esta não é uma proposta que busca a identificação com a experiência 'de dentro' de um animal".

[87] Ver também: Bensky (2013); Dawkins (1990).

Vale notar que o problema da tradução (transcultural), tão familiar para os antropólogos, recentemente emergiu na forma do problema da tradução entre espécies no livro editado por Susan Nance, *The historical animal* (2015). De fato, quando Nance registra no índice "ponto de vista dos animais", as páginas indicadas não se referem aos lugares onde a frase "ponto de vista animal" realmente aparece, mas a fragmentos do artigo "Nonhuman animal testimonies: a natural history in the first person?" escrito pela historiadora da arte Concepción Cortés Zulueta. Ela analisa um vídeo intitulado *Michael's story, where he signs about his family*. O vídeo "mostra um gorila macho usando uma versão modificada da língua de sinais estadunidense (ASL) para responder à pergunta: O que você pode me dizer sobre sua mãe?" Zulueta (2015:118) afirma que o vídeo pode ser entendido como uma "narrativa em primeira pessoa" (ela também o chama de "testemunho"). Ela continua: "Eles [macacos] podem [...] nos contar histórias. Nós, em contrapartida, podemos perguntar sobre a forma como eles pensam sobre si mesmos e seu entorno, sobre como eles se lembram das coisas" (Zulueta, 2015:121).

Essas declarações inspiram uma paráfrase do título do ensaio conhecido de Geertz que pode ser formulado da seguinte maneira: "'Do ponto de vista animal': sobre a natureza da compreensão histórica". Ela indica um problema teórico que emerge das considerações citadas: como a *natureza* da compreensão histórica enquanto tal muda quando acadêmicos empregam a perspectiva animal e consideram seriamente os testemunhos como uma forma de comunicar eventos passados e como fontes históricas. Parece que modos convencionais de compreensão e interpretação ainda predominam na história animal. Comparada a esta abordagem, estudos clássicos de Arthur C. Danto; W. B. Gallie; Louis O. Mink et al.; Morton White, que nos anos 1960 analisaram a "compreensão histórica" no modo da filosofia analítica da história, parecem irrelevantes.[88] Contudo, eu não dispensaria tal linha de pensamento tão facilmente – especialmente não depois de

---

[88] Cf. Gallie (1964); Mink (1966); Mink et al. (1987).

ler artigos de um dos principais representantes da epistemologia da virtude (associada à filosofia analítica contemporânea): Ernest Sosa. Naquilo que ele chama de "perspectivismo de virtude", Sosa distingue o conhecimento animal do conhecimento reflexivo (Sosa, 2007; 2015).[89] Não é minha tarefa aqui discutir a abordagem de Sosa em detalhes, mas gostaria de sugerir que tais questões desafiadoras, como a escrita da história do ponto de vista animal, comunicação humano-animal e cognição humano-animal, exigem uma forma diferente de conhecer o passado daquela oferecida pela epistemologia histórica com suas compreensões específicas de tempo, espaço, mudança, racionalidade e causalidade. Refiro-me a Sosa a fim de indicar a possibilidade de reconsiderar o lugar importante que a filosofia analítica da história teve na reflexão teórica sobre o passado. Eu também buscaria inspiração para construir formas não humanas de perceber/sentir as mudanças. Também me pergunto *se* e *como* o "perspectivismo de virtude" poderia estar conectado ao perspectivismo entendido como uma cosmologia animista específica, como proposto por Eduardo Viveiros de Castro, a fim de problematizar a interdependência humano-animal, o parentesco e a consubstanciação (Viveiros de Castro, 1996; 2002).

Agência animal

Um interesse na agência expresso por historiadores (dos animais) deve ser visto no contexto de uma tendência maior chamada "virada agentiva na teoria social". No âmbito de uma primeira versão das "novas humanidades" (e da teoria crítica), o problema da agência era um dos principais temas dos debates políticos e teóricos. Os estudiosos estavam interessados em vários entendimentos e formas de agência humana (agência como livre arbítrio, a equivalência entre agência e resistência, e a ausência de agência) (Ahearn, 2001). O final dos anos 1990, à medida que o pós-estruturalismo e a desconstrução

---

[89] Ver também Carvalho e Williges (2015).

se transformaram lentamente em "pós-humanismo crítico", marcou uma grande mudança na compreensão da agência como tal. O tema principal das discussões se tornou a crítica ao antropocentrismo e a reorientação para agentes não humanos: animais, plantas e coisas. Objetos materiais e sua possível capacidade de agir e fazer mudanças no ambiente circundante tornaram-se temas de pesquisa particularmente atraentes e fomentaram debates vigorosos. Os artefatos passaram a ser percebidos como sujeitos ativos ou pessoas que têm identidades, personalidades, vidas sociais e biografias.[90] A virada agenciativa é também relacionada à virada animista. A atribuição de agência a animais não humanos, plantas, objetos materiais e natureza em geral caracteriza as visões de mundo não ocidentais.[91] No animismo, a ideia de pessoa não humana é compreendida de uma forma diferente da proposta pelos discursos das leis e direitos animais.[92] Com o crescente interesse, por um lado, nas cosmologias indígenas e a influência de formas de conhecer e de conhecimentos indígenas na academia ocidental (especialmente na Austrália, Canadá e América Latina) e, por outro, a popularidade de "novos estudos de cultura ma-

---

[90] Arqueólogos e antropólogos têm tentado por anos compreender a agência de objetos materiais e discutir o problema da agência material. Crucial para debates recentes sobre agência na antropologia e arqueologia tem sido os livros de Gell (2018); Latour (2012); Bennett (2010). Um resumo útil da "virada agenciativa" na arqueologia é apresentada em Hoskins (2006). Ver também: Knappett e Malafouris (2008); Jones e Boivin (2010); Lindstrøm (2015).

[91] Cf.: Hallowell (2002); Bird-David (2019); Hornborg (2006); Harvey (2006; 2013); Ingold (2013).

[92] Graham Harvey (2006:xvii-xviii) dá a seguinte definição de pessoa: "Pessoas são aquelas com as quais outras pessoas interagem com um grau variável de reciprocidade. Pessoas com as quais se pode falar. [...] As pessoas são seres volitivos, relacionais, culturais e sociais. Elas demonstram intencionalidade e agência com um grau variável de autonomia e liberdade. [...] Pessoas se transformam em animistas ao aprender como reconhecer pessoas e, ainda mais importante, como engajar com elas. A ubiquidade de termos como respeito e reciprocidade no discurso animista demonstra que o elemento-chave de uma pessoa é alguém que responde ou inicia abordagens com outra pessoa. [...] Não há nada nestes discursos que possa insinuar... que humanos são os exemplos primeiros de pessoalidade. [...] Talvez pessoas-pedras possam falar de "outros não pedra" enquanto pessoas-árvore possam falar de "outros não árvore". Tais frases, difíceis de processar, não pretendem privilegiar nenhuma classe de pessoa, mas chamar a atenção para o grau de relacionalidade". Ver também: Morris (2000); Warren (2011); Hill (2011).

88 A HISTÓRIA PARA ALÉM DO HUMANO

terial" e teoria ator-rede, a agência perdeu sua associação dominante com o ser humano autoconsciente, racional, intencional, voluntarioso, e se tornou um modo específico de estar no mundo, típico de um sujeito relacional entendido como um elemento constitutivo de várias redes e/ou agrupamentos.

Empoderar o sujeito (animal) e encontrar provas da agência animal tornam-se as tarefas principais da escrita da história animal. Este é, naturalmente, um conhecido *topos* da nova história social, que objetiva "devolver aos escravos sua agência" (e também às mulheres, aos indígenas, aos marginalizados etc.) e focar em grupos que foram negligenciados ou excluídos da história.[93] Os historiadores dos animais muitas vezes seguem esse mesmo padrão.[94] Chris Pearson recentemente sugeriu abandonar o modelo de agência oferecido pela história social, que muitas vezes equivale agência a resistência, e adotar em seu lugar abordagens não antropocêntricas à agência, como a teoria ator-rede de Bruno Latour. Ele também considera problemática a ideia de descrever a agência não humana como resistência.[95] Ao analisar o debate sobre agência na arqueologia, John Robb (2010:515) conclui que

> de diferentes maneiras, portanto, estamos além da agência; aprendemos que podíamos com o conceito e podemos seguir em frente. Contudo, vale a pena manter o conceito na consciência discursiva de nosso campo.

Neste momento, seria radical demais para os historiadores seguir tal movimento. Provavelmente eles prefeririam compartilhar a visão

---

[93] Cf. Johnson (2003).

[94] Cf. Hribal (2007); Montgomery e Kalof (2010).

[95] Ver: Pearson (2015); Carter e Charles (2013). A necessidade de desvincular os conceitos de humanidade, agência e resistência foi expressa há muito tempo por estudiosos que trabalham com a agência humana. Laura M. Ahearn afirmou que "para antropólogos em particular, é importante evitar tratar a agência como sinônimo de livre arbítrio ou resistência" (Ahearn, 2001:130); Walter Johnson indicou em "On Agency" que agência humana e resistência foram usadas nos estudos sobre escravidão (Johnson, 2003:115).

de Pearson de que na "agência humana, intencionalidade e responsabilidade devem permanecer componentes-chave da história", mas com a condição de que a agência histórica também incluiria não humanos e que continuássemos a explorar conexões entre a agência humana e não humana (Brockman, 1995:719). Porém, poderíamos nos surpreender com as palavras do historiador Joshua Specht (2016:331-32), que afirma:

há um tópico na história animal que os estudiosos devem ir além: a agência. [...] Hoje, o paradigma da agência é, na verdade, contraproducente, pois está baseado em um modelo de agentes históricos como atores individuais autônomos, desagregados de uma estrutura histórica mais ampla. [...] A agência é um conceito que antes era vital para convencer acadêmicos de que eles deveriam se importar com os animais, mas o paradigma ultrapassou sua utilidade. Os trabalhos futuros serão melhor equipados se usarem a categoria de agência como ponto de partida para mapear os diversos contextos econômicos, políticos, sociais e culturais nos quais os animais estão inseridos.

Talvez não devêssemos tão rapidamente dispensar a agência como tal, mas sim tentar descobrir que tipo de entendimento de agência seria capaz de empurrar a história animal para além do paradigma da nova história social e desativar a agência como "um gatilho para a história animal".[96] Tal movimento não significa, entretanto, o abandono da própria história social como uma estrutura para a prática da história animal (ou o abandono da história animal como uma espécie de história social). Como sugerido por vários colaboradores desse debate, trata-se apenas de não perceber animais e humanos em oposição binária entre vítimas e vitimizadores, problematizando a ideia de agência (especialmente agência como igual à resistência), bem como conceitos

---

[96] Parafraseio Torill Christine Lindstrøm (2015:207) "A 'agência' parece ter se tornado 'um martelo' para a Arqueologia".

90 A HISTÓRIA PARA ALÉM DO HUMANO

como ator e agente (incluindo descartar esses conceitos como ponto de partida na escrita da história animal).[97] Portanto, a agência pode ser descentralizada e desassociada da tríade "humanidade/direitos humanos, agência, resistência" da história social sem que isso a apague da metalinguagem da história animal.

A historicização de animais e a interdisciplinaridade radical

O método historicista clássico destaca-se como a principal tarefa do historiador dos animais. A explicação histórica é obtida pela historicização (de animais), que significa mostrar que os animais (assim como as instituições relacionadas ao bem-estar animal) mudam ao longo do tempo. Nesse contexto, tratar animais como "outros", e seus passados em termos de "histórias minoritárias", pode ainda oferecer certas vantagens teóricas. Por exemplo, seguindo acadêmicos pós-coloniais como Dipesh Chakrabarty e Ashis Nandy, eu poderia perguntar como podemos usar a história animal (enquanto uma abordagem específica do passado que surgiu dentro da tradição europeia) para nos libertar da história enquanto disciplina que legitima várias formas de violência colonial, o Estado-nação, a consciência secular, os estereótipos culturais e as ideologias de progresso.[98] Desse modo, um chamado à historicização dos animais neutralizaria as possibilidades radicais que residem na a-historicidade lucrativa e que lhes anima (de modo semelhante ao que acontece com os sujeitos subalternos). Como Chakrabarty (2000:112) nota:

---

[97] Pascal Eitler (2014:274) propõe considerar a história animal como história corporal e entendê-la como "uma forma especial de História Social [que] visa menos seguir uma enfática 'História vista de baixo' que desenvolver uma distante 'História de fora', na medida do possível". Nesse sentido, ela não toma animais e humanos nem atores e sujeitos como um ponto de partida, mas faz de corpos e sua produção mutável/transformadora um objeto de investigação histórica.

[98] Cf. Nandy (1995).

ao chamar a atenção para os limites da historicização, eles [passados subalternos] nos ajudam a nos distanciar dos instintos imperiosos da disciplina – a ideia de que *tudo* pode ser historicizado ou que se deve *sempre* historicizar [grifo no original].

Vale a pena lembrar que, como Javier Sanjinés (2013:100) notou, o historicismo pode ser utilizado como uma categoria de dominação. Assim, distanciarmo-nos do historicismo é um sinal de "desobediência epistêmica" (para usar o termo de Walter Mignolo). Com efeito, talvez os animais não devam ser (sempre) historicizados. Talvez sua a-historicidade ajude a reduzir certas formas de absolutizar o passado alimentado pela história e abra uma possibilidade alternativa para ela a partir de uma percepção diferente (não humana) das mudanças, do pensar e do sentir. Assim, enquanto a história animal propõe um tipo de história alternativa e mostra o passado animal como estritamente conectado ao passado humano – este último à espera de ser transformado em história –, eu consideraria a possibilidade de estudar o passado animal para criar uma alternativa à história.[99]

Campos de estudo tais como a história animal, bio-história, história ambiental e neuro-história configuram um obstáculo significativo a concepções propostas pelas ciências da vida e naturais. Essas dificuldades motivam os apelos para que se firmem alianças entre as artes, humanidades, ciências sociais e naturais.[100] A fim de enfrentar o desafio de construir um conhecimento inclusivo e complementar do passado, é necessário redefinir o *status* e os objetivos das humanidades (e seus

---

[99] Aqui, eu sigo Nandy (1995:53), que é cética às críticas da história de Gyan Prakash e Dipesh Chakrabarty e afirma que eles propõem "fortes apelos por histórias alternativas, não por alternativas *à* história".

[100] O que estamos enfrentando, então, é uma mudança expressiva do significado das humanidades tradicionais, entendidas como um grupo de ciências cujo objeto de pesquisa é o ser humano enquanto ser social. Há também um afastamento da habitual oposição entre as humanidades e as ciências naturais e ciências interpretativas e experimentais. A construção bem-sucedida de tal conhecimento integrado poderia levar ao surgimento da "terceira cultura", à qual John Brockman (1998) se refere: No entanto, esta abordagem pode ser muito limitada no momento. Cf. Jäger (2013).

92 A HISTÓRIA PARA ALÉM DO HUMANO

campos específicos). Muitos dos acadêmicos que trabalham com história animal enfatizam a necessidade de cooperação entre cientistas naturais e cientistas sociais (incluindo historiadores). Nance chama isso de "interdisciplinaridade radical".[101] Como ela afirma, os trabalhos dos cientistas "nos fornecem novas perguntas e possíveis explicações para a vida animal que nós [historiadores] podemos usar para reconsiderar as fontes históricas de novas maneiras".[102] Tal cooperação envolvendo metodologias e teorias muito diferentes é frutífera e necessária.

Por exemplo, Stephanie Zehnle utiliza a "metodologia contemporânea de estudos etológicos" a fim de abordar, de novas maneiras, os relatos coloniais de assassinatos entre leopardos e humanos. Eles fornecem reflexões sobre os padrões de comportamento animal.[103] No entanto, a interdisciplinaridade radical é expressa de maneira mais visível no artigo de Nicola Foote e Charles W. Gunnels (2015), no qual os autores advogam pela "zoologia histórica" como "uma abordagem metodológica multidisciplinar".[104] Foote e Gunnels explicaram como a zoologia e as ciências biológicas nos permitem ver

---

[101] É interessante observar como a ideia de "interdisciplinaridade radical" está evoluindo. Quando usou o termo em 1989, Stanley Fish se referia à desconstrução, ao marxismo, ao feminismo, à versão radical do neopragmatismo e ao novo historicismo que de alguma forma uniformizaram a interdisciplinaridade e a criticidade. Hoje em dia, "interdisciplinaridade radical" significa conectar as humanidades, ciências sociais e ciências naturais, e é considerado uma condição necessária para a pesquisa inovadora. No entanto, vale notar que, por exemplo, o "novo materialismo" requer a conexão de ambos os entendimentos. Assim, Kyla Wazana Tompkins (2016) afirma que "a atenção à interface entre o humano e o não humano, como ela se dispõe e desfaz a organização sensorial humana, sugere que o pensamento Novo Materialista deve necessariamente engajar a interdisciplinaridade radical; isto, por sua vez, nos leva de volta às provocações da teoria da esquerda, feminista, *queer* e da teoria crítica racial, cujas energias anti, inter e transdisciplinares continuam a manter uma ligação com os movimentos políticos que as produziram". Cf.: Fish (1989); Ver também: Barry e Born (2013).

[102] Ver Nance (2015:3; 7).

[103] Por exemplo, a etologia informa como leopardos se relacionam com seus territórios ("leopardos fêmeas são animais filopátricos que vivem perto do local onde nasceram e foram criados") e permite a explicação do comportamento dos animais e uma maneira diferente de interpretar as fontes históricas (Zehnle, 2015:223-225).

[104] A fusão também parte da direção das ciências para as humanidades e ciências sociais. Um bom exemplo é a "primatologia cultural" ou "zooarqueologia social". Cf. Nimmo (2012); Russell (2012).

o problema da violência por uma perspectiva diferente, em termos de "agressões interespecíficas".[105] As ciências naturais enriquecem o vocabulário histórico com conceitos como interações intraespecíficas, plasticidade fonotípica (aprender a reconhecer e resistir aos perigos) e refúgios (lugares "além do fácil alcance dos predadores humanos"), permitindo-nos compreender a vida animal de "maneiras mais matizadas". Tal cooperação é lucrativa para ambas as "culturas". Por um lado, o envolvimento com a ciência zoológica é "uma ferramenta importante para os historiadores dos animais que procuram fornecer uma compreensão mais rica e multifacetada das vidas passadas dos animais". Por outro lado, a história animal "potencialmente abre uma nova janela para questões zoológicas centrais". Por exemplo, um conceito zoológico como o de "primeiro contato" é mal conceitualizado nessa disciplina e precisa do conhecimento fornecido por humanistas e cientistas sociais a fim de "aprimorar a compreensão zoológica" desse fenômeno (Foote e Gunnels, 2015:220).

A história animal como um subcampo da história: oportunidades e desafios

Erica Fudge, uma historiadora muito teoricamente consciente e inovadora, apontou a importância dos debates sobre os "perigos do antropocentrismo" para a escrita da história animal em *Perceiving animals: humans and beasts in early modern english culture* (2000).[106] No entanto, parece que o termo "história não antropocêntrica" ainda

---

[105] Foote e Gunnels (2015:207) explicam que a agressão interespecífica ocorre quando "um indivíduo de uma espécie age de forma antagônica em relação a um indivíduo de uma segunda espécie. [...] Agressão interespecífica pode ocorrer em casos em que indivíduos usam a agressão para mitigar a competição por um recurso compartilhado, como comida ou locais de aninhamento. Outros casos de agressão interespecífica ocorrem como um subproduto da competição intraespecífica, em que animais agressivos exibem sinais agonísticos em resposta a sinais similares usados por ambas as espécies".

[106] Ver também: Fudge (2016); Burt (2009); Jackson (2013).

94 A HISTÓRIA PARA ALÉM DO HUMANO

está atravessado na garganta dos historiadores. É surpreendente que o pós-humanismo, que serve como a principal agenda de críticas ao antropocentrismo e promove os estudos animais, bem como os estudos da relação humano-animal, raramente apareçam em artigos sobre história animal. Os principais ícones dos debates pós-humanistas – Donna Haraway e Cary Wolfe, cujos trabalhos são relevantes para escrever a história animal – também dificilmente estão presentes. Chego a pensar se o pós-humanismo (crítico) é demasiado radical para os historiadores ou se (paradoxalmente) não é radical o suficiente.

Historiadores como Éric Baratay, Erica Fudge ou David Gary Shaw (para mencionar apenas alguns) estão certos quando salientam que estudar animais obriga os pesquisadores a repensar a história enquanto disciplina e seus fundamentos. Baratay lista vários dos principais problemas que estão constantemente freando a história animal e reduzindo-a à "história *humana* dos animais". Primeiro, a definição clássica de história formulada por Marc Bloch – "a ciência dos homens no tempo" – precisa ser transformada a fim de abranger os não humanos. Isso significaria abandonar o velho e duradouro paradigma antropocêntrico do conhecimento histórico. Segundo, os historiadores teriam de incorporar ciências naturais tais como ecologia, etologia, zoologia e psicologia cognitiva animal. Terceiro, os acadêmicos teriam de ir além da história sociocultural e do problema da representação que os ocupou por tanto tempo (Baratay, 2015a:3-6). *The Historical Animal* mostra claramente que tais reconfigurações massivas da disciplina histórica já estão aparecendo na prática histórica e que os historiadores mais progressistas já estão tentando ir ainda mais longe.

A introdução (ou melhor, a reintrodução em um novo contexto) de pesquisas sobre animais, plantas e coisas é, por si só, insuficiente, como bem sabem os contribuidores da coletânea *The Historical Animal*. Não se trata de introduzir novos campos de interesse em relação a animais, plantas e assuntos ecológicos. Como enfatiza Cary Wolfe (2010:123),

pode-se engajar em uma prática *humanista* ou *pós-humanista* de uma disciplina, e esse fato é crucial para determinar aquilo que uma disci-

HISTÓRIA ANIMAL **95**

plina pode contribuir para o campo dos estudos animais [ou mesmo para um novo paradigma em geral].[107]

O que é crucial é a formação de uma estrutura teórica interpretativa que possa inspirar diferentes perguntas de pesquisa e oferecer interpretações alternativas, ao mesmo tempo que demanda a construção de novos conceitos e teorias numa situação na qual a teoria existente "está atrasada em relação aos fatos" e uma incomensurabilidade emerge entre a prática e as teorias que tentam descrevê-la.[108] A maioria dos historiadores ainda pratica história (animal) de uma forma humanista. Seguindo Wolfe (2010:124), tal posicionamento poderia ser descrito como "pós-humanismo humanista". Entretanto, os historiadores muitas vezes podem fazê-lo não porque querem salvar o humanismo antropocêntrico, mas porque não têm a estrutura teórica adequada, a metalinguagem e as ferramentas para fazê-lo de outra forma.

Com efeito, nas décadas recentes a história animal passou de um tema marginal e exótico para se tornar um dos principais e mais progressistas campos dentro da profissão histórica.[109] Com suas tentativas de conectar vários campos das ciências naturais (etologia, biologia evolutiva, zoologia), ela exemplifica uma fusão em andamento entre humanidades, ciências sociais, ciências biológicas e ciências naturais. Alguns historiadores preferem permanecer seguros nas suas zonas de conforto e estão satisfeitos em incluir os animais na história e em pesquisar várias formas de agência animal e diferentes manifestações de encontro humano-animal. Eles tentam desenvolver e enriquecer o campo usando métodos e instrumentos derivados da história sensorial, etnografia e sociologia, assim como trabalhos dos novos estudos de

---

107 Wolfe dá o exemplo de um historiador que descreve o destino cruel dos cavalos nos campos de batalha da Primeira Guerra Mundial, que ao fazê-lo parece estar apenas trabalhando no paradigma anti-antropocêntrico respondendo apenas às mudanças nas humanidades, ainda que "a disciplina interna possa permanecer humanista até o fim" (Wolfe, 2010:124).

108 Estou me referindo aqui à obra de Imre Lakatos, já citada anteriormente. Ver: Lakatos (1979:18-19).

109 De fato, ela já tem seus próprios subcampos, como a história urbana animal. Cf. Atkins (2012).

96 A HISTÓRIA PARA ALÉM DO HUMANO

cultura material e estudos científicos e tecnológicos. No entanto, as propostas mais progressistas vêm de estudiosos (incluindo historiadores) que defendem a interdisciplinaridade radical. Eles não estão interessados apenas em fundir a história com as ciências, mas também questionam uma das premissas básicas da disciplina: não apenas a autoridade epistêmica da história para construir o conhecimento do passado, mas também a autoridade epistêmica humana para criar tal conhecimento. Certamente, podemos aprender muito com os estudos sobre a cognição animal. Os animais podem não ter uma percepção da história semelhante à humana, mas eles percebem sequências de mudanças (Rangarajan, 2013). Periódicos científicos, tais como *Animal Cognition* e *Science*, publicam artigos sobre a percepção do tempo dos animais e sua capacidade de raciocinar de forma causal.[110] Esse tópico pode se tornar de interesse dos historiadores. A percepção da mudança geracional e o papel dos "anciãos" nas comunidades animais (eles são necessários para a adaptação e sobrevivência?) pode se tornar um assunto importante da história humano-animal. Será que devemos repensar a ideia de geração na história e levar em conta como os animais percebem os vínculos geracionais? Podem as pesquisas sobre a percepção de mudança dos animais permitir o desenvolvimento de abordagens não históricas do passado? Deveriam essas pesquisas nos inspirar a refletir (novamente, ainda que em um novo contexto) sobre as vantagens e desvantagens evolutivas da construção do conhecimento histórico? Podemos analisar os trabalhos historiográficos em termos do benefício adaptativo que eles podem vir a ter? Será que a história tem valor para a sobrevivência?

O desafio final da história animal, que a torna promissora e orientada para o futuro, não é escrever os animais na história e tratá-los como seres agenciativos (o que tem sido a principal tarefa no estágio inicial do desenvolvimento do campo), nem mesmo apresentar a história do "ponto de vista animal", mas considerar (e possivelmente contribuir

---

[110] Cf. Petruso, Fuchs e Bingman (2007); Blaisdell et al. (2006).

HISTÓRIA ANIMAL **97**

para promover) formas de comunicação interespecíficas que permitissem aos seres não humanos relatar eventos passados. Isso exigiria renunciar à autoridade epistêmica humana sobre a "escrita" do passado e abrir o campo para várias formas de comunicação não verbal que não privilegiariam a linguagem humana (e a linguagem como uma forma privilegiada de comunicação).[111] Sandra Swart (2015:70) está certa ao enfatizar o papel dos estudos bioacústicos que pesquisam os vários tipos de sons na compreensão da vida social animal. Dessa forma, ela abre espaço para um tipo de conhecimento zoológico comparativo do passado.

Ao salientar a importância dos vários sentidos, ela também intui a necessidade de considerar as várias formas de comunicação não linguística que conectam animais humanos e não humanos. É também por isso que um crescente interesse pela biossemiótica e pelos sinais indexados pode ser observado entre humanistas e cientistas sociais. T. L. Short, ao comentar sobre as implicações da ideia de Charles Sanders Peirce sobre os sinais indexados, notou que sua abordagem da semiótica

foi estendida para além do estudo do pensamento e da linguagem. Pois, embora tenha-se descoberto que o índice desempenha um papel essencial dentro da cognição, ele é por natureza – causal, senão não conceitual – não limitado à cognição. [...] Mas se o alcance da semiótica é estendido a intérpretes não conceituais, então por que não aos intérpretes não humanos? Uma pessoa cutucada se vira para olhar, mas também um veado se alimentando, quando assustado por um barulho, levanta a cabeça para olhar; um motorista experiente, ao ver um sinal vermelho, para sem pensar, assim como um cão de caça, farejando o chão, segue sem pensar o rastro de sua presa. A semiótica tornou--se, assim, um estudo não apenas de sinais naturais, mas também de processos naturais de interpretação. E isso sugere uma maneira pela qual a mente humana pode estar localizada dentro da natureza, ou seja, como um desenvolvimento de capacidades semióticas mais primitivas.

---

111 Essa abordagem é promovida por campos como a zoossemiótica. Cf. Martinelli (2010).

98 A HISTÓRIA PARA ALÉM DO HUMANO

A segunda implicação da descoberta dos índices é que ela nos obriga a reconhecer uma relação signo-objeto que é distinta da significação [Short, 2006:222-223].

Essas ideias têm sido recentemente usadas na discussão sobre o "uso e abuso" do antropocentrismo. Quando foram adaptadas no campo das humanidades e ciências sociais, elas ajudaram a desafiar a abordagem dualista na qual os humanos são vistos como separados do mundo natural e a criticar o excepcionalismo humano. Nesse contexto, há um crescente interesse em ir além da linguagem, em representações não simbólicas e em formas não humanas de perceber e representar o mundo.[112] Os sinais indexadores atraem atenção dos pesquisadores uma vez que eles são formas típicas de comunicação animal (por exemplo, odores e sons de alerta indicam a presença de um predador).

A história dos animais em sua forma futuro-orientada pode, assim, nos levar à formação de um conhecimento multiespecífico do passado. Em sua resenha de *Beastly natures* (2010), Swart escreveu: "Essa antologia tem um lamento subtextual de que a história é escrita apenas por humanos".[113] À luz do que descrevi anteriormente, surge a seguinte pergunta: Podemos imaginar um conhecimento do passado (que eu não limitaria à história) que se basearia na coautoria multiespécies? A pergunta pode parecer absurda, mas está longe de o ser para primatologistas como Sue Savage-Rumbaugh, que publicou um artigo em coautoria com três chimpanzés.[114]

---

[112] No amplamente discutido livro do antropólogo, Eduardo Kohn (2013), a teoria dos signos de Peirce é usada para nos lembrar de que tanto humanos quanto não humanos usam signos e que o simbólico é unicamente humano. Kohn advoga por tentativas transespecíficas de comunicação que acontecem no mundo multiespécies da semiose.

[113] Cf. Swart (2011); Brantz (2010).

[114] Cf. Savage-Rumbaugh et al. (2007). É claro que os chimpanzés (Kanzi Wamba, Panbanisha Wamba e Nyota Wamba) não escreveram esse artigo na prática, mas eles se comunicaram com a pesquisadora (Sue Savage-Rumbaugh) e respoderam a questões concernentes às suas próprias necessidades. O artigo despertou grande interesse porque mina o monopólio humano sobre a autoridade epistêmica e assim demonstra o potencial da autoria multiespécies e da construção transespecífica de conhecimento. Sobre esse tópico, ver também: Bradshaw (2010). Vale lembrar que a noção de coautoria diz respeito não apenas a animais, mas também a máquinas inteligentes.

HISTÓRIA ANIMAL 99

Na maioria dos casos discutidos na história animal, trata-se de animais domésticos e totêmicos – mamíferos altamente inteligentes e de sistema neural desenvolvido (cavalos, burros, cães, porcos, bovinos, ovelhas, assim como chimpanzés, gorilas, leopardos e orcas). Assim, os historiadores dos animais podem ser acusados de um preconceito zoocêntrico. Estudiosos que trabalham com plantas, como Matthew Hall, ainda operando em um modo semelhante à nova história social e sua "metodologia dos oprimidos", afirmam que

> o zoocentrismo é um método que resulta na exclusão de plantas das relações de consideração moral [...] [e] ajuda a manter noções humanas de superioridade sobre o reino vegetal a fim de que as plantas possam ser dominadas [Hall, 2011:6].

A fim de neutralizar este preconceito, um tópico que vale a pena discutir para o futuro da história seriam os animais (vários animais – não apenas mamíferos) e as plantas, vistos em termos de sistema de parentesco (baseado na herança compartilhada, coabitação, consubstanciação e reconhecimento da ancestralidade compartilhada). Consideremos, então, *se* e *como* poderíamos alcançar uma "competência interespécies" (termo de Fudge, 2002:11), não apenas para pensar a coexistência com os animais no futuro, mas também criar um conhecimento multiespecífico do passado. Como bem notou recentemente a antropóloga Anna Tsing, a sobrevivência é um projeto colaborativo e que "requer uma coordenação entre espécies" (Tsing, 2015:156; 280).[115] Talvez o futuro não precise de espécies, mas sim de uma identificação planetária, e deste ponto de vista, todos nós somos terráqueos.

---

[115] N. do T.: O livro *The mushroom at the end of the world* de Anna Tsing encontra-se traduzido e publicado em português. Ver: Tsing (2022).

Nota editorial

Este livro contém ideias que foram desenvolvidas em 2010-2015 e apresentadas em conferências e em vários textos publicados primeiramente em polonês e depois nas seguintes versões revisadas e atualizadas:

DOMAŃSKA, Ewa. Unbinding from humanity: Nandipha Mntambo's Europa and the limits of history and identity. Trad. Paul Vickers. *Journal of the Philosophy of History*, v. 14, p. 310-336, 2020. [Fragmentos].
DOMAŃSKA, Ewa. The paradigm shift in the contemporary humanities and social sciences. Trad. Magdalena Zapędowska, Paul Vickers. In: KUUKKANEN, Jouni-Matti (Org.). *Philosophy of history:* twenty-first-century perspectives. Oxford/Londres: Bloomsbury, 2020, p. 180-197.
DOMAŃSKA, Ewa. Posthumanist history. In: BURKE, Peter; TAMM, Marek (Org.). *Debating new approaches to history.* Londres: Bloomsbury, 2018, p. 327-352.
DOMAŃSKA, Ewa. Animal history. Resenha de NANCE, Susan (Org.). The historical animal. *History and Theory*, v. 56, n. 2, p. 267-287, jun. 2017. [Fragmentos].

Referências

Bibliografia selecionada de Ewa Domańska

Livros autorais

DOMAŃSKA, Ewa. *Mikrohistorie: spotkania w międzyświatach* [Micro--história: encontros entre mundos]. Poznań: Wydawnictwo Poznańskie, 1999. (2. ed. rev. 2005).

_____. *Historie niekonwencjonalne: refleksja o przeszłości w nowej humanistyce* [Histórias inconvencionais: reflexões sobre o passado nas novas humanidades]. Poznań: Wydawnictwo Poznańskie, 2006.

_____. *Historia egzystencjalna* [História existencial]. Varsóvia: PWN, 2012.

_____. *Nekros*: wprowadzenie do ontologii martwego ciała [Nekros: uma ontologia dos restos humanos]. Varsóvia: PWN, 2017.

Livros organizados e co-organizados

ANKERSMIT, Frank. *Narracja, reprezentacja, doświadczenie*: studia z teorii historiografii [Narração, representação, experiência]. Org. Ewa Domańska e Marek Wilczyński. Introd. Ewa Domańska. Cracóvia: Universitas, 2004.

_____; DOMAŃSKA, Ewa; KELLNER, Hans. *Re-figuring Hayden White*. Stanford: Stanford University Press, 2009.

CHAKRABARTY, Dipesh. *Humanistyka w epoce antropocenu* [Humanidades na era do Antropoceno]. Org. Ewa Domańska e Małgorzata Sugiera, pós-escrito Ewa Domańska. Cracóvia: Universitas, 2023.

104 A HISTÓRIA PARA ALÉM DO HUMANO

DARNTON, Robert. *Wielka masakra kotów i inne epizody francuskiej historii kultury* [O grande massacre dos gatos]. Trad. Dorota Guzowska. Org. Ewa Domańska. Varsóvia: Wydawnictwo Naukowe PWN, 2012.

DAVIS, Natalie Zemon. *Powrót Martina Guerre'a* [O retorno de Martin Guerre]. Trad. Przemyslaw Szulgit. Org. Ewa Domańska. Pós-escrito Ewa Domańska. Poznań: ZYSK i S-ka, 2011.

DOMAŃSKA, Ewa (Org.). *Historia*: o jeden świat za daleko? [História: um mundo tão distante?]. Poznań: IH UAM, 1997.

_____. *Encounters*: philosophy of history after postmodernism. Org. Ewa Domańska. Introd. Allan Megill. Pós-escrito Lynn Hunt. Charlottesville: University of Virginia Press, 1998.

_____. *Pamięć, etyka i historia*: angloamerykańska teoria historiografii lat dzięwiećdziesiątych [Memória, ética e história]. Org. Ewa Domańska. Introd. Ewa Domańska. Poznań: Wydawnictwo Poznańskie, 2002.

_____; CZAPLIŃSKI, Przemysław (Org.). *Zagłada*. Współczesne problemy rozumienia i przedstawiania [Shoah: problemas correntes de compreensão e representação]. Poznań: Poznańskie Studia Polonistyczne, 2009.

_____ (Org.). *Teoria wiedzy o przeszłości na tle współczesnej humanistyki*. Poznań: Wydawnictwo Poznańskie, 2010.

_____; LOBA, Mirosław (Org.). *French theory w Polsce* [Teoria francesa na Polônia]. Poznań: Wydawnictwo Poznanskie, 2010.

_____; STOBIECKI, Rafal; WISLICZ, Tomasz (Org.). *Historia – dziś*: teoretyczne problemy wiedzy o przeszłości [História hoje: problemas teóricos do conhecimento do passado]. Cracóvia: Universitas, 2014.

_____; SKIBIŃSKI, Edward; STRÓŻYK, Pawel (Org.). *Hayden White w Polsce*: fakty, krytyka, interpretacje [Hayden White na Polônia: fatos, crítica, interpretação]. Cracóvia: Universitas, 2019.

_____; SŁODKOWSKI, Piotr; STOBIECKA, Monika (Org.). *Humanistyka prewencyjna* [Humanidades preventivas]. Varsóvia: Museum of Modern Art, 2022.

_____; POMORSKI, Jan (Org.). *Wprowadzenie do metodologii historii* [Introdução à metodologia da história]. Varsóvia: Polish Scientific Publishers PWN, 2022.

_____. STANIEWSKA, Alexandra (Org.). *Ekshumacje polityczne*: teoria i praktyka [Exumações políticas: teoria e prática]. Gdańsk: słowo/obraz terytoria, 2023.

_____. BOJARSKA, Katarzyna, FILIPKOWSKI, Piotr, MAŁCZYŃSKI, Jacek, NADER, Luiza (Org.). *Knowledge in the Shadow of Catastrophe*. Brill, 2024 (no prelo).

TOPOLSKI, Jerzy. *Teoretyczne problemy wiedzy historycznej* [Problemas teóricos do conhecimento histórico]. Org. Ewa Domańska. Poznań: Wydawnictwo Nauka i Innowacje, 2016.

_____. *Theory and methodology of historical knowledge*. Org. Ewa Domańska e Anna Topolska. Poznań: Faculty of History Press, Adam Mickiewicz University, 2022.

WHITE, Hayden. *Proza historyczna* [Prosa histórica]. Org. Ewa Domańska, pós-escrito Ewa Domańska. Cracóvia: Universitas, 2009.

_____. *Poetyka pisarstwa historycznego* [Poética da escrita da história]. Org. Ewa Domańska e Marek Wilczyński. Introd. Ewa Domańska. Cracóvia: Universitas, 2000. (2. ed. 2010).

_____. *Przeszłość praktyczna* [Passado prático]. Org. Ewa Domańska. Introd. Ewa Domańska. Cracóvia: Universitas, 2014.

Dossiês temáticos

DOMAŃSKA, Ewa; LA GRECA, María Inés. Globalizing Hayden White. *Rethinking History*, v. 23, n. 4, 2019.

_____; MAŁCZYŃSKI, Jacek. The environmental history of the Holocaust. *Journal of Genocide Research*, v. 22, n. 2, 2020. (O dossiê é seguido pelo "Forum: The Environmental History and the Holocaust". *Journal of Genocide Research*, v. 24, n. 3, 2022).

106 A HISTÓRIA PARA ALÉM DO HUMANO

Artigos e capítulos de livros (a lista contém apenas textos publicados em português, inglês e espanhol)

DOMAŃSKA, Ewa. Hayden White: beyond irony. *History and Theory*, v. 37, n. 2, p. 173-181, 1998.

_____. After postmodernism: a dream of transformation. In: WITOSZEK, Nina; STRÅTH, Bo (Org.). *The postmodern challenge*: perspectives East and West. Londres: Sage, 1999, p. 265-279.

_____. Universal history and postmodernism. *Storia della Storiografia*, v. 35, p. 129-139, 1999.

_____. [Re]creative myths and constructed history: the case of Poland. In: STRÅTH, Bo (Org.). *Myth and memory in the construction of community*: historical patterns in Europe and beyond. Bruxelas: P.I.E./ Peter Lang, 2000, p. 249-262.

_____. Hayden White. In: BERTENS, Hans; NATOLI, Joseph (Org.). *Postmodernism*: key figures. Cambridge: Blackwell, 2001, p. 321-326.

_____. Réinterprétation du sublime historique: La déesthétisation de l'abject dans l'historiographie. Trad. Nicle Tutiaux-Guillon. In: BAQUES, Marie-Christine; BRUTER, Annie; TUTIAUX-GUILLON, Nicole (Org.). *Pistes didactiques et chemins d'historiens*. Textes offerts á Henri Moniot. Paris: L'Harmattan, 2003, p. 37-54.

_____. On various ends of history. *Journal of the Interdisciplinary Crossroads*, v. 1, n. 2, p. 283-293, 2004.

_____. The orientalization of a european orient: Turkquerie and chinoiserie in seventeenth and eighteenth-century Poland. *Taiwan Journal of East Asian Studies*, v. 1, n. 1, p. 73-88, 2004.

_____. Necrocracy [Resenha ensaio de Robert P Harrison. The Dominion of the Dead]. Trad. Magdalena Zapędowska. *The History of the Human Sciences*, v. 18, n. 2, p. 111-122, 2005.

_____. Toward the archaeontology of the dead body. *Rethinking History*, v. 9, n. 4, p. 389-413, 2005.

_____. Transhumanation: from man to monster. An exercise in the hermeneutics of passage. In: RACHWAŁ, Tadeusz; KALAGA, Wojciecha

(Org.). *Spoiling the cannibas' fun*: cannibalism and cannibalisation in culture and elsewhere. Frankfurt am Main: Peter Lang, 2005, p. 161-171.

_____. The material presence of the past. *History and Theory*, v. 45, n. 3, p. 337-348, 2006.

_____. The return to things. *Archaeologia Polona*, v. 44, p. 171-185, 2006.

_____. Let the dead bury the living. Daniel Libeskind's monumental counter-history. In: WANG, Edward; FILLAFER, Franz L. (Org.). *History of historiography reconsidered*. Nova York: Berghahn Books, 2007, p. 437-454.

_____. Frank Ankersmit: from narrative to experience. *Rethinking History*, v. 13, n. 2, p. 175-196, 2009.

_____. Hayden White: an academic teacher. In: _____; ANKERSMIT, Frank; KELLNER, Hans (Org.). *Re-figuring Hayden White*. Stanford: Stanford University Press, 2009, p. 332-347.

_____. Beyond anthropocentrism in historical studies. *Historein: a Review of the Past and Other Stories*, v. 10, p. 118-130, 2010.

_____. Problematizing comparative historical studies. Trad. Magdalena Zapędowska. *Taiwan Journal of East Asian Studies*, v. 7, n. 1, p. 71-85, 2010.

_____. Non-anthropocentric knowledge of the past in the Anthropcene era. *Norwegian Archaeological Review*, v. 44, n. 1, p. 18-20, 2011.

_____. Biohistory and the contemporary human and social sciences. In: CASPISTEGUI, Francisco (Org.). *Historia y globalización*. Pamplona: Eunsa, 2012, p. 167-180.

_____. El "viraje performativo" en la humanística actual. Trad. Desiderio Navarro. *Criterios: Revista Internacional de Teoria de la literatura, las Artes y la Cultura*, v. 37, p. 125-142, 2012.

_____. Para além do antropocentrismo nos estudos históricos. Trad. Eduardo H. B. Vasconcelos. *Expedições: Teoria da História & Historiografia*, v. 4, n. 1, p. 1-8, 2013.

_____. Retroactive ancestral constitution and alternative modernities. *Storia della Storiografia*, v. 65, n. 1, p. 61-75, 2014.

_____. The new age of the Anthropocene. *Journal of Contemporary Archaeology*, v. 1, n. 1, p. 98-103, 2014.

_____. Ecological humanities. Trad. Bożena Gilewska. *Teksty Drugie/ Second Texts*, n. 1, p. 186-210, 2015.

_____. Hayden White and liberation historiography. *Rethinking History*, v. 19, n. 4, p. 640-650, 2015.

_____. Constitución ancestral retroactiva, nuevo animism y modernidades alter-nativas. In: TOZZI, Verónica; BENTIVOGLIO, Julio. *Hayden White*: cuarenta años de metahistoria. Del "pasado histórico" al "pasado práctico". Buenos Aires: Prometeo Libros, 2016, p. 79-96.

_____. Constituição do ancestral retroativo, novo animismo e modernidades alternativas. In: BENTIVOGLIO, Julio; TOZZI, Verónica (Org.). *Do passado histórico ao passado prático*: 40 anos de meta-história. Vitória: Milfontes, 2017, p. 97-122.

_____. Animal hstory. *History and Theory*, v. 56, n. 2, p. 267-289, 2017.

_____. Dehumanisation through decomposition and the force of law. Trad. Paul Vickers. In: DZIUBAN, Zuzanna (Org.). *Mapping the 'forensic turn'*: the engagements with materialities of mass death in Holocaust studies and beyond. Viena: New Academic Press, 2017, p. 89-104.

_____. Affirmative humanities. Trad. Paul Vickers. *Dějiny – teorie – kritika*, n. 1, p. 9-26, 2018.

_____. Hayden White's anthropocentric posthumanism. *Práticas da História: a Journal on Theory, History and Uses of the Past*, n. 6, p. 89-95, 2018. (Dossiê temático "The history of Hayden White").

_____. Is this stone alive? Prefiguring the future role of archaeology. *Norwegian Archaeological Review*, v. 51, n. 1-2, p. 22-35, 2018.

_____. La justicia epistémica y la descolonización del poscolonialismo (caso de Europa central y del Este). Trad. Iwona Stoińska-Kairska. In: CIECHANOWSKI, Stanisław; CAIZÁN, Cristina G. (Org.). *Spain – India – Russia*: centres, borderlands and peripheries of civilizations. Varsóvia: Wydawnictwa Naukowe Uniwersytetu Warszawskiego, 2018, p. 449-459.

_____. Posthumanist history. In: BURKE, Peter; TAMM, Marek (Org). *Debating new approaches to history*. Londres: Bloomsbury, 2018, p. 327-352.

_____. Reply to Dominick LaCapra. In: BURKE, Peter; TAMM, Marek (Org). *Debating new approaches to history*. Londres: Bloomsbury, 2018, p. 343-345.

_____. The eco-ecumene and multispecies history: the case of abandoned protestant cemeteries in Poland. In: BIRCH, Suzanne E. Pilaar (Org.). *Multispecies archaeology*. Trad. Paul Vickers. Londres: Routledge, 2018, p. 118-132.

_____. Theory as the practice of freedom: Hayden White in East-Central Europe. Trad. Paul Vickers. *Rethinking History*, v. 23, n. 4, p. 558-564, 2019.

_____. History, anthropogenic soil and unbecoming human. Trad. Eliza Rose. In: SAURABH, Dube; SETH, Sanjay, Ajay SKARIA, Ajay (Ed.). *Dipesh Chakrabarty and the global south subaltern studies, postcolonial perspectives, and the Anthropocene*. Londres: Routledge, 2019, p. 201-214.

_____; STOBIECKA, Monika. Archaeological theory: paradigm shift. In: SMITH, Claire (Org.). *Encyclopedia of global archaeology*. Cham: Springer, 2020, p. 555-561.

_____. The environmental history of mass graves. Trad. Paul Vickers, Eliza Rose. *Journal of Genocide Research*, v. 22, n. 2, p. 241-255, 2020.

_____. The paradigm shift in the contemporary humanities and social sciences. In: KUUKKANEN, Jouni-Matti (Org.). *Philosophy of history*: twenty-first-century perspectives. Londres: Bloomsbury, 2020, p. 180-197.

_____. Unbinding from humanity: Nandipha Mntambo's Europa and the limits of history and identity. Trad. Paul Vickers. *Journal of the Philosophy of History*, v. 14, p. 310-336, 2020.

_____. Polish humanities, French theory, and the need for a strong subject. Trad. Paul Vickers. *Historyka*, v. 51, 2021, p. 17-37.

_____. Prefigurative humanities. Trad. Paul Vickers. *History and Theory*, v. 60, n. 4, p. 141-158, 2021.

_____. Jerzy Topolski's marxist anthropocentrism. Trad. Paul Vickers. *Journal of the Philosophy of History* [Dossiê temático: Forgotten classics. Organizado por Herman Paul e Larissa Schulte Nordholt], v. 15, n. 3, 2021, p. 361-377.

110 A HISTÓRIA PARA ALÉM DO HUMANO

_____. Jerzy Topolski's theory and methodology of historical knowledge. In: TOPOLSKI, Jerzy. *Theory and methodology of historical knowledge*. Org. Ewa Domańska e Anna Topolska. Poznań: Faculty of History Press, Adam Mickiewicz University, 2022, p. 17-43.

_____. The paternalistic liberation of history by theory. *Caminhos da História* v. 27, n. 2, p. 7-16, 2022.

_____. Evidencia, derecho y teoría histórica. Trad. espanhol Eugenia Somers. In: TOZZI THOMPSON, Verónica (Org.). *El futuro práctico de la filosofía de la historia*. Buenos Aires: Prometeo, 2022, p. 223-239.

_____; MAŁCZYŃSKI, Jacek; SMYKOWSKI, Mikołaj; KŁOS, Agnieszka. Introduction: Environmental history of the Holocaust. Trad. Paul Vickers. *Journal of Genocide Research*, v. 22, n. 2, p. 183-196, 2020.

_____; MAŁCZYŃSKI, Jacek; SMYKOWSKI, Mikołaj; KŁOS, Agnieszka. The legacies of the Holocaust beyond the human and across a *longer durée*. *Journal of Genocide Research*, v. 24, n. 3, p. 448-461, 2021.

SIMON, Zoltán Boldizsár; TAMM, Marek; DOMAŃSKA Ewa. Anthropocenic historical knowledge: promises and pitfalls. *Rethinking History*, v. 25, n. 4, p. 406-439, 2021.

_____. Wondering About History in Times of Permanent Crisis. *Storia della Storiografia*, v. 82, n. 2, p. 29-37, 2022.

Referências citadas nesta obra

ABEYSEKARA, Ananda. *The politics of postsecular religion*: mourning secular futures. Nova York: Columbia University Press, 2008.

AGAMBEN, Giorgio. What Is a Paradigm. In: GILBERT, Elizabeth. *The signature of all things*: on method. Trad. Luca D'Isanto e Kevin Attell. Nova York: Zone Books, 2009, p. 9-32.

AHEARN, Laura M. Language and agency. *Annual Review of Anthropology*, v. 30, p. 109-137, 2001.

AHR FORUM: Historiographic "Turns" in critical perspective. *American Historical Review*, v. 117, n. 3, 2012.

AHR ROUNDTABLE: History meets biology. *American Historical Review*, v. 118, n. 5, 2014.

ALTHUSSER, Louis. Philosophy and marxism. In: _____. *Philosophy of the encounter*: later writings, 1978-1987. Trad. G. M. Goshgarian. Londres: Verso, 2006.

ANKERSMIT, Frank. In praise of subjectivity. In: CARR, David; FLYNN, Thomas R.; MAKKREEL, Rudolf A. (Org.). *The ethics of history*. Evanston: Northwestern University Press, 2004, p. 3-27.

APPIAH, Kwame Anthony. *Cosmopolitanism*: ethics in a world of strangers. Nova York: W. W. Norton, 2010.

ASAD, Talal. *Formations of the secular*: christianity, islam, modernity. Stanford: Stanford University Press, 2003.

ATKINS, Peter J. (Org.). *Animal cities*: beastly urban histories. Burlington, VT: Ashgate, 2012.

AZOULAY, Ariella. Potential history: thinking through violence. *Critical Inquiry*, v. 39, n. 3, p. 548-574, 2013.

_____. *Potential history*. unlearning imperialism. Londres: Verso Books, 2019.

BACHMANN-MEDICK, Doris. *Cultural turns*: new orientations in the study of culture. Trad. Adam Blauhut. Berlin: Walter de Gruyter GmbH, 2016.

BADMINGTON, Neil (Org.). *Posthumanism*. Basingstoke: Palgrave, 2000.

_____. Cultural studies and the posthumanities. In: HALL, Gary; BIRCHALL, Clare (Org.). *New cultural studies*: adventures in theory. Edinburgo: Edinburgh University Press, 2006, p. 260-274.

BARAD, Karen. *Meeting the universe halfway*: quantum physics and the entanglement of matter and meaning. Durham: Duke University Press, 2007.

BARATAY, Éric. *Point de vue animal*: une autre version de l'histoire. Paris: Seuil, 2012.

_____. Building an animal history. Trad. Stephanie Posthumus. In: MACKENZIE, Louisa; POSTHUMUS, Stephanie (Org.). *French thinking about animals*. East Lansing: Michigan State University Press, 2015a, p. 3-14.

_____. Pourquoi prendre le point de vue animal? *Religiologiques*, n. 32, p. 145-165, 2015b.

BARRY, Andrew; BORN, Georgina (Org.). *Interdisciplinarity*: reconfigurations of the social and natural sciences. Londres: Routledge, 2013.

BAUMAN, Zygmunt. Survival as a social construct. *Theory Culture Society*, v. 9, n. 1, p. 1-36, 1992.

_____. Medo líquido. Rio de Janeiro: Jorge Zahar, 2008.

BENN, Daryl J. Feeling the future: experimental evidence for anomalous retroactive influences on cognition and affect. *Journal of Personality and Social Psychology*, v. 100, n. 3, p. 407-425, 2011.

BENNETT, Jane. *Vibrant matter*: a political ecology of things. Durham: Duke University Press, 2010.

BENSKY, Miles K.; GOSLING, Samuel D.; SINN, David L. The world from a dog's point of view: a review and synthesis of dog cognition research. *Advances in the Study of Behavior*, v. 45, p. 209-406, 2013.

BEVERNAGE, Berber et al. Introduction: the future of the theory and philosophy of history. *Journal of the Philosophy of History*, v. 8, n. 2, p. 141-148, 2014.

BIRD-DAVID, Nurit. "Animismo" revisitado: pessoa, meio ambiente e epistemologia relacional. *Debates do NER*, v. 19, n. 35, p. 93-131, jan./jul. 2019.

BLAISDELL, Aaron P. et al. Causal reasoning in rats. *Science*, v. 311, n. 5.763, p. 1.020-1.022, 17 fev. 2006.

BLOCH, Marc. *Apologia da história, ou o ofício de historiador*. Trad. André Telles. Rio de Janeiro: Jorge Zahar, 2002.

BOAFU, Peter. *The future of post-human history*: a preface to a new theory of universality. Newcastle: Cambridge Scholars, 2009.

BOJE, David M.; ROHNY, Saylors. The future of history: posthumanist entrepreneurial storytelling, global warming, and global capitalism. In: MIR, Raza; WILLMOTT, Hugh; GREENWOOD, Michelle (Org.). *The Routledge companion to philosophy in organization studies*. Nova York: Routledge, 2016, p. 197-205.

BOSTROM, Nick. *Valores transhumanistas*. Trad. Pablo Araújo Batista. Instituto Ética, Racionalidade e Futuro da Humanidade, 2015. Disponível em: <https://ierfh.org/valores-transhumanistas/>. Acesso em: 19 jul. 2022.

REFERÊNCIAS **113**

BOURKE, Joanna. Killing in a posthuman world: the philosophy and practice of critical military history. In: BLAAGAARD, Bolette; VAN DER TUIN, Iris (Org.). *The subject of Rosi Braidotti*. Londres: Bloomsbury Academic, 2014, p. 29-46.

BRADSHAW, Gay A. An ape among many: co-authorship and trans-species epistemic authority. *Configurations*, v. 18, n. 1-2, p. 15-30, 2010.

BRAIDOTTI, Rosi. Powers of affirmation: response to Lisa Baraitser, Patrick Hanafin and Clare Hemmings. *Subjectivity*, v. 3, n. 2, p. 140-148, 2010.

_____. *Beastly natures*: animals, humans, and the study of history. Charlottesville: University of Virginia Press, 2010.

BRANTZ, Dorothee (Org.). Beastly natures: animals, humans, and the study of history. [S.l.]: [s.n.], 2010. Disponível em: <www.h-net.org/reviews/showrev.php?id=31301>. Acesso em: 16 jul. 2016.

BROCKMAN, John. *The third culture*: beyond the scientific revolution. Nova York: Simon & Schuster, 1995.

_____. *A terceira cultura*: para além da revolução científica. Lisboa: Temas e Debates, 1998.

BROSWIMMER, Franz J. *Ecocide*: a short history of the mass extinction of species. Londres: Pluto Press, 2002.

BRUYN, Ben de. Earlier is impossible: deep time and geological posthumanism in dutch fiction. *Journal of Dutch Literature*, v. 4, n. 2, p. 68-91, 2013.

BURKE, Peter. Cultural history and its neighbors. *Culture & History Digital Journal*, [S. l.], v. 1, n. 1, p. e006, 2012.

BURT, Jonathan. Invisible histories: primate bodies and the rise of posthumanism in the twentieth century. In: TYLER, Tom; ROSSINI, Manuela S. (Org.). *Animal encounters*. Leiden: Brill Academic Publishers, 2009, p. 159-170.

BUTRYN, Ted M. Posthuman podiums: cyborg narratives of elite track and field athletes. *Sociology of Sport Journal*, v. 20, n. 11, p. 17-39, 2003.

BYNUM Karolyn Walker. Perspectives, connections & objects: what happening in history now? *Dedalus*, v. 138, n. 1, p. 71-86, 2009.

CALLUS, Ivan; HERBRECHTER, Stefan. Introduction: Posthumanist subjectivities, or, coming after the subject. *Subjectivity*, v. 5, n. 3, p. 241-264, 2012.

CAMPANA, Joseph; MAISANO, Scott (Org.). *Renaissance posthumanism.* Nova York: Fordham University Press, 2016.

CAPRA, Fritjof; STEINDL-REST, David; MATUS, Thomas. *Belonging to the universe*: explorations on the frontiers of science and spirituality. San Francisco: Harper San Francisco, 1991.

_____. *The web of life*: a new scientific understanding of living systems. Nova York: Anchor Books, 1996.

CAPURRO, Rafael. Beyond humanisms. *Journal of New Frontiers of Spatial Concepts*, v. 4, p. 1-12, 2012.

CARTER, Bob; CHARLES, Nickie. Animals, agency and resistance. *Journal for the Theory of Social Behaviour*, v. 43, n. 3, p. 322-340, 2013.

CARVALHO, Eros Moreira de; WILLIGES, Flavio. Sosa on animal knowledge and emotions. *Analytica*, v. 19, n. 1, p. 145-160, 2015.

CHAKRABARTY, Dipesh. Minority histories, subaltern pasts. In: _____. *Provincializing Europe*: postcolonial thought and historical difference. Princeton e Oxford: Princeton University Press, 2000, p. 97-113.

_____. Postcolonial studies and the challenge of climate change. *New Literary History*, v. 43, n. 1, p. 1-18, 2012.

_____. *O clima da história*: quatro teses. Trad. Denise Bottmann, Fernanda Ligocky, Diego Ambrosini, Pedro Novaes, Cristiano Rodrigues, Lucas Santos, Regina Félix e Leandro Durazzo. *Sopro 91*, p. 4-22, 2013.

_____. Decentering the human? Or what remains of Gaja. In: _____. *The human condition in the Anthropocene*: the tanner lectures in human values. New Haven: Yale University, 2015, p. 165-188. Disponível em: <https://tannerlectures.utah.edu/Chakrabarty%20manuscript.pdf>. Acesso em: 23 jul. 2019.

_____. Humanities in the Anthropocene: the crisis of an enduring kantian fable. *New Literary History*, v. 47, n. 2-3, p. 377-397, 2016.

_____. Planetary crises and the difficulty of being modern. *Millennium: Journal of International Studies*, v. 46, n. 3, p. 259–282, 2018.

CHARMAZ, Kathy. *A construção da teoria fundamentada*: um guia prático para análise qualitativa. Trad. Joice Elias Costa. Porto Alegre: Artmed, 2009.

CHRISTIAN, David. *Maps of time*: an introduction to big history. Berkeley: University of California Press, 2004.

COKER, Christopher. *The future of war*: the re-enchantment of war in the twenty-first century. Oxford: Blackwell Publishing Ltd., 2004.

COLLINGWOOD, R. G. *A ideia de história*. Trad. Alberto Freire. Lisboa: Editorial Presença, 1981.

CONNOR, Peter; CADAVA, Eduardo; NANCY, Jean-Luc (Org.). *Who comes after the subject?* Nova York: Routledge, 1991.

COOLE, Diana; FROST, Samantha (Org.). *New materialisms*: ontology, agency, and politics. Durham: Duke University Press, 2010.

COOPER, Jilly. *Animals in war*. Londres: Heinemann, 1983.

CUSSET, François. *Filosofia francesa*: a influência de Foucault, Derrida, Deleuze & Cia. Trad. Fátima Murad. Porto Alegre: Penso, 2008.

DAWKINS, Marian Stamp. From an animal's point of view: motivation, fitness, and animal welfare. *Behavioral and Brain Sciences*, v. 13, n. 1, p. 1-9, mar. 1990.

DELANDA, Manuel. *A new philosophy of society*: assemblage theory and social complexity. Londres: Continuum, 2006.

DELANTY, Gerard. *Social science*: beyond constructivism and realism. Buckingham: University of Minnesota Press, 1997.

DENZIN, Norman K.; LINCOLN, Yvonna S. (Org.). Part III: Strategies of inquiry. In: _____ *The Sage handbook of qualitative research*. 3. ed. Thousand Oaks: Sage, 2005.

DERRIDA, Jacques. Os fins do homem. In: DERRIDA, Jacques. *Margens da filosofia*. Trad. Joaquim Torres Costa e António M. Magalhães. Campinas: Papirus, 1991, p. 149-177.

_____. História da mentira: prolegômenos. *Estudos Avançados*, v. 10, n. 27, p. 7-39, 1996.

_____. *Cosmopolitas de todos os países, mais um esforço!* Coimbra: Minerva Coimbra, 2001a.

_____. *The work of mourning*. Chicago: University of Chicago Press, 2001b.

_____. *Da hospitalidade*. São Paulo: Escuta, 2003a.

_____. *Políticas da amizade*. Porto: Campos das Letras, 2003b.

_____. *O animal que logo sou*. São Paulo: Unesp, 2002.

_____. *Dar a morte*. Coimbra: Palimage, 2013.

116 A HISTÓRIA PARA ALÉM DO HUMANO

DOMAŃSKA, Ewa. The return to things. *Archaeologia Polona*, v. 44, p. 171-185, 2006.

_____. Beyond anthropocentrism in historical studies. *Historein*, v. 10, p. 118-130, 2010a.

_____. Problematizing comparative historical studies. *Taiwan Journal of East Asian Studies*, v. 7, n. 1, p. 79-81, jun. 2010b.

_____. Metodologia praktyczna [Metodologia prática]. In: _____. *Historia egzystencjalna*: krytyczne studium narratywizmu i humanistyki zaangażowanej. [*História existencial*: abordagem crítica do narrativismo e das humanidades emancipatórias]. Warszawa: PWN, 2012, p. 161-183.

_____. *Wiedza o przeszłości*: perspektywy na przyszłość. [*Conhecimento do passado*: perspectivas para o futuro]. *Kwartalnik Historyczny*, v. CXX, n. 2, p. 221-274, 2013.

_____. *Nekros*: wprowadzenie do ontologii martwego ciała [*Nekros*: uma ontologia dos restos humanos]. Warszawa: PWN, 2017.

_____. Affirmative humanities. Trad. Paul Vickers. *Dějiny – teorie – kritika*, [history – theory – criticism], n. 1, p. 9-26, 2018.

DOSSIÊ "Cognitive Alterities/Neuromedievalism". Org. Jane Chance e Passaro D. Antony. *Postmedieval: A Journal of Medieval Cultural Studies*, v. 3, n. 3, set. 2012.

DOSSIÊ "Ecomaterialism". Org. Jeffrey Jerome Cohen e Lowell Duckert. *Postmedieval: A Journal of Medieval Cultural Studies*, v. 4, n. 1, mar. 2013.

DOSSIE "Pragmatism and the philosophy of history". Org. Serge Grigoriev e Robert Piercey. *Journal of the Philosophy of History*, v. 13, n. 3, 2019.

DOSSIÊ "The Animal Turn". Org. Karl Steel e Peggy McCracken. *Postmedieval: A Journal of Medieval Cultural Studies*, v. 2, n. 1, mar. 2011.

DOUGLAS, Richard McNeil. The ultimate paradigm shift: environmentalism as antithesis to the modern paradigm of progress. In: SKRIMSHIRE, Stefan (Org.). *Future ethics*: climate change and apocalyptic imagination. Nova York: Continuum, 2010, p. 197-215.

REFERÊNCIAS **117**

ELIAS, Amy; MORARU, Christian (Org.). *The planetary turn:* relationality and geoaesthetics in the twenty-first century. Evanston, IL: Northwestern University Press, 2015.

EMMENEGGER, Susan; TSCHENTSCHER, Axel (Org.). Taking nature's rights seriously: the long way to biocentrism in environmental law. *Georgetown International Environmental Law Review,* v. IV, n. 3, 1994, p. 545-742.

ESCOBAR, Arturo. The ontological turn in social theory. *Transactions of the Institute of British Geographies,* v. 32, n. 1, p. 106-111, 2007.

ESPOSITO, Roberto. *Bios:* biopolitics and philosophy. Minneapolis: University of Minnesota Press, 2008.

FERNÁNDEZ-ARMESTO, Felipe. History beyond history: new adventurers on the frontiers of traditional historiography. *Comparative Studies in Society and History,* v. 51, n. 1, p. 212-219, 2009.

FISH, Stanley. Being interdisciplinary is so very hard to do. *Profession,* n. 89, p. 15-22, 1989.

FOLTZ, Richard C. Does nature have historical agency? World history, environmental history, and how historians can help save the planet. *The History Teacher,* v. 37, n. 1, p. 9-28, 2003.

FOOTE, Nicola; GUNNELS, Charles W. Exploring early human-animal encounters in the Galápagos islands using a historical zoology approach. In: NANCE, Susan (Org.). *The historical animal.* Syracuse: Syracuse University Press, 2015, p. 203-220.

FØRLAND, Tor Egil (Org.). *Values, objectivity, and explanation in historiography.* Nova York: Routledge, 2017.

FOUCAULT, Michel. *As palavras e as coisas:* uma arqueologia das ciências humanas. Trad. Salma Tannus Muchail. São Paulo: Martins Fontes, 2000.

FOUNTAIN, Philip. Toward a post-secular anthropology. *The Australian Journal of Anthropology,* v. 24, p. 310-328, 2013.

FRASER, Mariam (Org.). *Inventive life:* approaches to the new vitalism. Londres: Sage 2006.

FUDGE, Erica. *Perceiving animals:* humans and beasts in early modern english culture. Basingstoke: Palgrave Macmillan, 2000.

118 A HISTÓRIA PARA ALÉM DO HUMANO

_____. A left-handed blow: writing the history of animals. In: ROTHFELS, Nigel (Org.). *Representing animals*. Bloomington: Indiana University Press, 2002, p. 3-18.

_____. Farmyard choreographies in early modern england. In: CAMPANA, Joseph; MAISANO, Scott (Org.). *Renaissance posthumanism*. Nova York: Fordham University Press, 2016, p. 145-166.

FUERY, Patrick; MANSFIELD, Nick (Org.). *Cultural studies and the new humanities*: concepts and controversies. Melbourne: Oxford University Press, 1997.

FUKUYAMA, Francis. *Nosso futuro pós-humano*: consequências da revolução da biotecnologia. Trad. Maria Luiza X. de A. Borges. Rio de Janeiro: Rocco, 2003.

GALLIE, W. B. *Philosophy and the historical understanding*. Londres: Chatto & Windus, 1964.

GANE, Nicholas. When we have never been human, what is to be done? Interview with Donna Haraway. *Theory, Culture & Society*, v. 23, n. 7-8, p. 135-158, 2006.

GEERTZ, Clifford. Do ponto de vista dos nativos: a natureza do entendimento antropológico. Trad. Vera Mello Joscelyne. In: _____. *O saber local*: novos ensaios em antropologia interpretativa. Petrópolis: Vozes, 1997, p. 85-107.

GELL, Alfred. *Arte and agência*. São Paulo: Ubu, 2018.

GIBBONS, Alison. Postmodernism is dead: what comes next? *TLS* [*The Times Literary Supplement*], 12 jun. 2017. Disponível em: <www.the-tls.co.uk/articles/postmodernism-dead-comes-next/>. Acesso em: 20 ago. 2019.

GILBERT, Scott F.; SAPP, Jan; TAUBER, Alfred I. A symbiotic view of life: we have never been individuals. *The Quarterly Review of Biology*, v. 87, n. 4, p. 325-341, 2012.

GUBA, Egon G.; LINCOLN, Yvonna S. Paradigmatic controversies, contradictions, and emerging confluences. In: DENZI, Norman K.; LINCOLN, Yvonna S. (Org.). *The Sage handbook of qualitative research*. 3. ed. Thousand Oaks: Sage, 2005, p. 191-215.

REFERÊNCIAS **119**

HALL, Matthew. *Plants as persons*: a philosophical botany. Albany: State University of Nova York Press, 2011.

HALLOWELL, A. Irving. Ojibwa ontology, behavior, and world view. In: HARVEY, Graham (Org.). *Readings in indigenous religions*. Londres: Continuum, 2002, p. 18-49.

HARAWAY, Donna. *The haraway reader*. Nova Iorque: Routledge, 2004.

_____. *When species meet*. Minneapolis: University of Minnesota Press, 2007.

_____. Saberes localizados: a questão da ciência para o feminismo e o privilégio da perspectiva parcial. *Cadernos Pagu*, v. 5, p. 7-41, 2009. Disponível em: <https://periodicos.sbu.unicamp.br/ojs/index.php/cadpagu/article/view/1773>. Acesso em: jul. 2021.

HARDING, Sandra. Rethinking standpoint epistemology: what is strong objectivity? In: ALCOFF, Linda; POTTER, Elizabeth (Org.). *Feminist epistemologies*. Nova York: Routledge, 1993, p. 49-82.

HART, Michael Anthony. Indigenous worldviews, knowledge, and research: the development of an indigenous research paradigm. *Journal of Indigenous Voices in Social Research*, v. 1, n. 1, p. 1-16, fev. 2010.

HARVEY, Graham. *Animism*: respecting the living world. Nova York: Columbia University Press, 2006.

_____ (Org.). *The handbook of contemporary animism*. Stocksfield: Acumen Publishing, 2013.

HASTRUP, Kirsten. *A passage to anthropology*: between experience and theory. Londres: Routledge, 2013 [1995].

HEDIGER, Ryan (Org.). *Animals and war*: studies of Europe and North America. Leiden: E. J. Brill, 2013.

HERBRECHTER, Stefan. *Posthumanism*: A critical analysis. Londres: Bloomsbury Academic, 2013.

HILL, Erica. Animals as agents: hunting ritual and relational ontologies in prehistoric Alaska and Chukotka. *Cambridge Archaeological Journal*, v. 21, n. 3, p. 407-426, out. 2011.

HODDER, Ian. *Entangled*: an archaeology of the relationships between humans and things. Chichester: Wiley-Blackwell, 2012.

HOLBRAAD, Martin. *Morten axel pedersen, the ontological turn*: an anthropological exposition. Cambridge: Cambridge University Press, 2017.

HÖRL, Erich; BURTON, James (Org.). *General ecology*: the new ecological paradigm. Londres: Bloomsbury Academic, 2017.

HORNBORG, Alf. Animism, fetishism, and objectivism as strategies for knowing (or not knowing) the world. *Ethnos: Journal of Anthropology*, v. 71, n. 1, p. 21-32, 2006.

HOSKINS, Janet. Agency, biography, and objects. In: TILLEY, Christopher et al. (Org.). *Handbook of material culture*. Londres: Sage, 2006, p. 74-84.

HRIBAL, Jason C. Animals, Agency, and class: writing the history of animals from below. *Human Ecology Review*, v. 14, n. 1, p. 101-112, 2007.

HUNT, Lynn. *Writing history in the global era*. Nova York: W. W. Norton & Company, 2014.

IGGERS, Georg G.; WANG, Q. Edward; MUKHERJEE, Supriya (Org.). *A global history of modern historiography*. 2. ed. Londres: Routledge, 2017.

ILLICH, Ivan. *Tools for conviviality*. Nova York: Harper & Row, 1973.

INGOLD, Tim. Repensando o animado, reanimando o pensamento. *Espaço Ameríndio*, Porto Alegre, v. 7, n. 2, jul./dez. 2013.

JACKSON, Zakiyyah Iman. Animal: new directions in the theorization of race and posthumanism. *Feminist Studies*, v. 39, n. 3, p. 669-685, 2013.

JÄGER, Jill (Org.). Responding to the challenges of our unstable earth (rescue). *Environmental Science & Policy*, v. 28, p. 1-2, abr. 2013.

JAMESON, Fredric. Utopia as method or the uses of the future. In: GORDIN, Michael D.; TILLEY, Helen; PRAKASH, Gyan (Org.). *Utopia/dystopia*: conditions of historical possibility. Princeton:: Princeton University Press, 2010, p. 21-44.

JOHNSON, Walter. On agency. *Journal of Social History*, v. 37, n. 1, p. 113-124, 2003.

JONES, Andrew M.; NICOLE, Boivin. The malice of inanimate objects: material agency. In: HICKS, Dan; BEAUDRY, Mary C. (Org.). *The Oxford handbook of material culture studies*. Oxford: Oxford University Press, 2010, p. 333-351.

KAC, Eduardo. GFP bunny. In: DOBRILA, Peter T.; KOSTIC, Aleksandra (Org.). *Telepresence, biotelematics, and transgenic art*. Maribor: Kibla, 2000, p. 101-131.

_____. (Org.). *Signs of life*: bio art and beyond. Cambridge: MIT Press, 2007.

KAISER, Marie I.; PLENGE, Daniel. Introduction: Points of contact between biology and history. In: KAISER, Marie I. et al. (Org.). *Explanation in the special sciences*: the case of biology and history. Dordrecht: Springer, 2014, p. 1-23.

KARUNANITHY, David. *Dogs of war*: canine use in warfare from ancient Egypt to the 19th Century. Londres: Yarak, 2008.

KEAN, Hilda. Challenges for historians writing animal human history: what is really enough? *Anthrozoös*, v. 25, p. 57-72, 2012. (Sup. 1).

KELLER, Catherine. *Political theology of the earth*: our planetary emergency and the struggle for a new public. Nova York: Columbia University Press, 2018.

KIENIEWICZ, Jan. *Kerala od równowagi do zacofania*. [Kerala do equilíbrio ao atraso]. Warszawa: Wydawnictwo Uniwersytetu Warszawskiego, 1975.

_____. Ekohistoryk wobec wyzwań przyszłości. [Eco-historiadores e os desafios futuros]. *Przegląd Humanistyczny*, v. 1, p. 65-80, 2014.

KIRBY, Dick; KOFMAN, Amy Ziering. *Derrida*: screenplay and essays on the film. Manchester: Manchester University Press, 2005.

KISTLER, John M. *War elephants*. Westport: Praeger, 2006.

KLEINBERG, Ethan. *Haunting history*: for a deconstructive approach to the past. Stanford: Stanford University Press, 2017.

KNAPPETT, Carl; MALAFOURIS, Lambros (Org.). *Material agency*: towards a non-anthropocentric approach. Berlin: Springer, 2008.

KOHN, Eduardo. *How forests think*: toward an anthropology beyond the human. Berkeley: University of California Press, 2013.

KUHN, Thomas S. *A estrutura das revoluções científicas*. 5. ed. São Paulo: Perspectiva, 1997.

LACAPRA, Dominick. *History and its limits*: human, animal, violence. Cornell: Cornell University Press, 2009.

_____. *Understanding others*: peoples, animals, pasts. Cornell: Cornell University Press, 2018.

LAKATOS, Imre. *Falsificação e metodologia dos programas de investigação científica*. Lisboa: Edições 70, 1979.

LATOUR, Bruno. *Jamais fomos modernos*: ensaio de antropologia simétrica. Trad. Carlos Iriney da Costa. Rio de Janeiro: Ed. 34, 1994.

_____. When things strike back: a possible contribution of 'science studies' to the social sciences. *British Journal of Sociology*, v. 51, n. 1, p. 107-123, 2000.

_____. *A esperança de Pandora*: ensaios sobre a realidade dos estudos científicos. Bauru: Edusc, 2001.

_____. *Reassembling the social*: an introduction to actor-network-theory. Oxford: Oxford University Press, 2005.

_____. Perspectivism: type or bomb. *Anthropology Today*, v. 25, n. 2, p. 1-2, abr. 2009.

_____. *Reagregando o social*: uma introdução à teoria do ator-rede. Salvador: Edufba; Bauru: Edusc, 2012.

_____; LENTON, Timothy M. Extending the domain of freedom, or why Gaia is so hard to understand. *Critical Inquiry*, v. 45, n. 3, p. 577-838, 2019.

LAVEAGA, Gabriela Soto. Forum: Decolonizing histories in theory and practice. *History and Theory*, v. 59, n. 3, set. 2020.

LE CHENE, Evelyn. *Silent heroes*: the bravery and devotion of animals in war. Londres: Souvenir, 1994.

LE ROY LADURIE, Emmanuel. *Histoire du climat depuis l'an mil*. Paris: Flammarion, 1967.

_____. *Le territoire de l'historien*. Paris: Gallimard, 1973.

LINDSTRØM, Torill Christine. Agency in itself: a discussion of inanimate, animal and human agency. *Archaeological Dialogues*, v. 22, p. 207-238, 2015.

LORDE, Audre. As ferramentas do senhor nunca derrubarão a casa-grande. In: _____. *Irmã outsider*: ensaios e conferências. Trad. Stephanie Borges. São Paulo: Autêntica, 2019, p. 124-128.

REFERÊNCIAS **123**

LORENZ, Chris. If you're so smart, why are you under surveillance? Universities, neoliberalism, and new public management. *Critical Inquiry*, v. 38, n. 3, p. 599-629, 2012.

LUNDBLAD, Michael. From animal to animality studies. *PMLA*, v. 124, n. 2, p. 496-502, 2009.

LURY, Celia; KEMBER, Sarah; FRASER, Mariam (Org.). *Inventive life*: approaches to the new vitalism. Londres: Sage, 2006.

MALABOU, Catherine. *Plasticity at the dusk of writing*. Trad. Carolyn Shread. Nova York: Columbia University Press, 2010.

_____. *Ontologia do acidente*. Trad. Fernando Scheibe. Florianópolis: Cultura e Barbárie, 2014.

MALINOWSKI, Bronislaw. *Argonautas do Pacífico ocidental*: um relato do empreendimento e da aventura dos nativos nos arquipélagos da Nova Guiné Melanésia. Trad. Anton P. Carr e Lígia Aparecida Cardieri Mendonça. São Paulo: Abril Cultural, 1976 [1922].

MARCELLINIA, Anne et al. Challenging human and sporting boundaries: the case of Oscar Pistorius. *Performance Enhancement & Health*, n. 1, p. 3-9, 2012.

MARTINELLI, Dario. *A critical companion to zoosemiotics*: people, paths, ideas. Nova York: Springer, 2010.

MASSUMI, Brian. *The politics of everyday fear*. Minneapolis: University of Minnesota Press, 1993.

MCLENNAN, Gregor. Towards postsecular sociology? *Sociology*, v. 41, n. 5, p. 857-870, 2007.

MEGILL, Allan. History, theoreticism, and the limits of the postsecular. *History and Theory*, v. 52, n. 1, p. 110-129, 2013.

MEIJL, Toon van. Doing indigenous epistemology: internal debates about inside knowledge in māori society. *Current Anthropology*, v. 60, n. 2, p. 155-173, 2019.

MIHESUAH, Devon; WILSON, Angela (Org.). *Indigenizing the academy*: transforming scholarship and empowering communities. Lincoln: University of Nebraska Press, 2004.

MILLER, Richard E.; SPELLMEYER, Kurt (Org.). The new humanities reader. 3. ed. Boston: Houghton Mifflin/Wadsworth Cengage, 2008.

124 A HISTÓRIA PARA ALÉM DO HUMANO

MILLER, Susan A. Native America writes back: the origin of the indigenous paradigm in historiography. *Wicazo Sa Review*, v. 23, n. 2, p. 9-28, 2008.

MINK, Louis O. The autonomy of historical understanding. *History and Theory*, v. 5, n. 1, p. 24-47, 1966.

_____. et al. (Org.). *Historical understanding*. Middletown: Wesleyan University Press, 1987.

MONTGOMERY, Georgina G.; KALOF, Linda. History from below. animals as historical subjects. In: DEMELLO, Margo; MONTGOMERY, Georgina (Org.). *Teaching the animal*: human-animal studies across disciplines. Nova York: Lantern Books, 2010, p. 35-47.

MORE, Max; VITA-MORE, Natasha (Org.). *The transhumanist reader*: classical and contemporary essays on the science, technology, and philosophy of the human future, west. Sussex: Wiley-Blackwell, 2013.

MORRIS, Brian. *Animals and ancestors*: an ethnography. Oxford: Berg, 2000.

NANCE, Susan (Org.). *The historical animal*. Syracuse: Syracuse University Press, 2015.

NANDY, Ashis. History's forgotten doubles. *History and Theory*, v. 34, n. 2, p. 44-66, 1995.

NAYAR, Pramod. *Posthumanism*. Cambridge: Polity Press, 2014.

NIMMO, Richie. Animal cultures, subjectivity, and knowledge: symmetrical reflections beyond the great divide. *Society & Animals*, v. 20, p. 173-192, 2012.

OLSEN, Bjørnar. *In defense of things*: archaeology and the ontology of objects. Lanham MD: AltaMira Press, 2010.

_____. Symmetrical archaeology. In: HODDER, Ian (Org.). *Archaeological theory today*. Cambridge: Polity Press, 2012, p. 208-228.

ORR, Aileen. *Wojtek the bear*: polish war hero. Edinburgo: Birlinn, 2014.

PALSSON, Gisli et al. Reconceptualizing the 'anthropos' in the Anthropocene: integrating the social sciences and humanities in global environmental change research. *Environmental Science & Policy*, v. 28, p. 3-13, 2013.

PAPADOPOULOS, Dimitris. Insurgent posthumanism. the state of things. *Ephemera, Theory & Politics in Organization*, v. 10, n. 2, p. 134-151, 2010.

PATTERSON, Charles. *Eternal treblinka*: our treatment of animals and the Holocaust. Londres: Lantern Books, 2002.

PEARSON, Chris. Beyond 'resistance': rethinking nonhuman agency for a 'more-than-human' world. *European Review of History: Revue européenne d'histoire*, v. 22, n. 5, p. 709-725, 2015.

PETRUSO, Edward J.; FUCHS, Thomas; BINGMAN, Verner P. Time-space learning in homing pigeons (Columba Livia): orientation to an artificial light source. *Animal Cognition*, v. 10, n. 2, p. 181-188, abr. 2007.

PHILLIPS, Dana. Posthumanism, environmental history, and narratives of collapse. *Interdisciplinary Studies in Literature and Environment*, v. 22, n. 1, p. 63-79, 2015.

PICKERING, Andrew. The mangle of practice: agency and emergence in the sociology of science. *The American Journal of Sociology*, v. 99, n. 3, p. 559-589, nov. 1999.

PIEROTTI, Raymond; WILDCAT, Daniel. Traditional ecological knowledge: the third alternative (commentary). *Ecological Applications*, v. 10, n. 5, p. 1.333-1.340, out. 2000.

POLYAKOV, Michael. Practice Theories: the latest turn in historiography? *Journal of the Philosophy of History*, v. 6, n. 2, p. 218-235, 2012.

PROTEVI, John. *Political Affect*: Connecting the Social and the Somatic. Minneapolis: University of Minnesota Press, 2009.

RANGARAJAN, Mahesh. Animals with rich histories: the case of the lions of gir forest, Gujarat, India. *History and Theory*, v. 52, n. 4, p. 109-127, 2013.

RIFKIN, Jeremy. *Entropy*: a new world view. Nova York: Viking, 1980.

ROBB, John. Beyond agency. *World Archaeology*, v. 42, n. 4, p. 493-520, 2010.

ROBIN, Libby; STEFFEN, Will. History for the Anthropocene. *History Compass*, v. 5, n. 5, p. 1694-1719, 2007.

RORTY, Richard. *Objectivity, relativism, and truth*. Cambridge: Cambridge University Press, 1991.

_____. *Philosophy and social hope*. Nova York: Penguin Books, 1999.

ROSE, Deborah Bird; ROBIN, Libby. The ecological humanities in action: an invitation. *Australian Humanities Review*, n. 31-32, abr. 2004.

126 A HISTÓRIA PARA ALÉM DO HUMANO

Disponível em: <www.australianhumanitiesreview.org/archive/ Issue-April-2004/rose.html>. Acesso em: 20 jul. 2019.

ROSE, Nicolas. *The politics of life itself*: biomedicine, power, and subjectivity in the twenty-first century. Princeton: Princeton University Press, 2007.

_____. As ciências humanas em uma era biológica. *Rev. Polis e Psique*, v. 4, n. 2, p. 3-43, 2014.

RULL, Valentí. Beyond us: is a world without humans possible? *EMBO Reports* [Organização Europeia de Biologia Molecular], v. 10, n. 11, p. 1.191-1.193, 2009.

RUSSELL, Nerissa. *Social zooarchaeology*: humans and animals in Prehistory. Cambridge: Cambridge University Press, 2012.

RYDER, R. D. Os animais e os direitos humanos. *Revista Brasileira de Direito Animal*, v. 3, n. 4, p. 67-70, 2008.

SANDOVAL, Chela. *Methodology of the oppressed*. Minneapolis: University of Minnesota Press, 2000.

SANJINÉS, C. Javier. *Embers of the past*: essays in times of decolonization. Trad. David Frye. Durham: Duke University Press, 2013.

SAVAGE-RUMBAUGH, Susan et al. Welfare of apes in captive environments: comments on, and by, a specific group of apes. *Journal of Applied Animal Welfare Science*, v. 10, n. 1, p. 7-19, 2007.

SCHARMER, Claus Otto. Self-transcending knowledge: sensing and organizing around emerging opportunities. *Journal of Knowledge Management*, v. 5, n. 2, p. 137-150, 2001.

SCHLEGEL, Friedrich. Athenäum fragmente, n. 80. In: Kritische Friedrich-Schlegel-Ausgabe, Hrsg. Ernst Behler, Bd. 2, Ferdinand Schoningh, München–Paderborn–Wien, 1967.

SERRES, Michel. *The parasite*. Minneapolis: University of Minnesota Press, 2007.

SHORT, T. L. The development of Peirce's theory of signs. In: MISA, Cheryl (Org.). *The Cambridge Companion to Peirce*. Cambridge: Cambridge University Press, 2006, p. 222-223.

SHRYOCK, Andrew et. al. *Deep history*: the architecture of past and present. Berkeley: University of California Press, 2011.

SHUKIN, Nicole. *Animal capital*: rendering life in biopolitical times. Minneapolis: University of Minnesota Press, 2009.

SILVERMAN, David J. AHR Exchange. Historians and native American and Indigenous studies. *American Historical Review*, v. 125, n. 2, p. 546-551, abr. 2020.

SIMON, Zoltán Boldizsár. *History in times of unprecedented change*: a theory for the 21st century. Londres: York: Bloomsbury Academic, 2019.

SIMONS, Herbert W.; BILLIG, Michael (Org.). *After postmodernism*: reconstructing ideology critique. Londres: Sage, 1994.

SINGER, Julie. Toward a transhuman model of medieval disability. *Postmedieval*, v. 1, p. 173-179, 2010.

SINGER, Peter. *Libertação animal*. São Paulo: Martins Fontes, 2010.

SMAIL, Daniel Lord. *Deep history and the brain*. Berkeley: University of California Press, 2008.

SOSA, Ernest. *A virtue epistemology*: apt belief and reflective knowledge. Oxford: Oxford University Press, 2007.

_____. *Judgment and agency*. Oxford: Oxford University Press, 2015.

SPECHT, Joshua. Animal history after its triumph: unexpected animals, evolutionary approaches, and the animal lens. *History Compass*, v. 14, n. 7, p. 326-336, 2016.

SPIEGEL, Gabrielle. The task of the historian. *American Historical Review*, v. 114, n. 1, p. 1-15, 2009.

SPIER, Fred. *Big history*: history and the future of humanity. Chichester: Wiley-Blackwell, 2010.

SPIVAK, Gayatri Chakravorty. Planetarity. In: _____. *Death of a discipline*. Nova York: Columbia University Press, 2003, p. 71-102.

STEINBERG, Ted. Down to earth: nature, agency, and power in history. *The American Historical Review*, v. 107, n. 3, p. 798-820, 2002.

STOTZ, Karola; GRIFFITHS, Paul E. Biohumanities: rethinking the relationship between bioscience, philosophy, and history of science, and society. *The Quarterly of Biology*, v. 83, n. 1, p. 37-45, 2008.

SUSEN, Simon. *The postmodern turn in the social sciences*. Basingstoke: Palgrave Macmillan, 2015.

128 A HISTÓRIA PARA ALÉM DO HUMANO

SWART, Sandra. The world the horses made: a South African case study of writing animals into social history. *International Review of Social History*, v. 55, n. 2, p. 241-263, 2010.

_____. Resenha de BRANTZ, Dorothee (Org.). Beastly natures: animals, humans, and the study of history. *H-Environment, H-Net Reviews*, nov. 2011. Disponível em <www.h-net.org/reviews/showrev. php?id=31301>. Acesso em: 16 jul. 2016.

_____. Zombie zoology: history and reanimating extinct animals. In: NANCE, Susan (Org.). *The historical animal*. Syracuse: Syracuse University Press, 2015, p. 54-71.

TOMPKINS, Kyla Wazana. On the limits and promise of New Materialist Philosophy. Forum: emergent critical analytics for alternative humanities. *Lateral: Journal of the Cultural Studies Association*, v. 5, n. 1, 2016. Disponível em: <http://csalateral.org/wp/issue/5-1/forum-alt-humanities-new-materialist-philosophy-tompkins/>. Acesso em: 12 jul. 2016.

TORPEY, John C. Introduction: Politics and the past. In: _____ (Org.). *Politics and the past*: on repairing historical injustices. Lanham, MD: Rowman and Littlefield, 2003, p. 1-36.

_____. Dewey, Mead, John Ford, and the writing of history: pragmatist contributions to narrativism. *European Journal of Pragmatism and American Philosophy: Pragmatism and the Writing of History*, v. 8, n. 2, 2016. Disponível em: <https://journals.openedition.org/ejpap/641?lang=en>. Acesso em: 15 jul. 2020.

TOZZI, Verónica. Pragmatist contributions to a new philosophy of history. *Pragmatism Today*, v. 3, n. 1, p. 121-131, 2012.

TRIVIÑO, José Luis Pérez. Cyborgsportpersons: between disability and enhancement. *Physical Culture and Sport: Studies and Research*, v. LVII, p. 12-21, 2013.

TSING, Anna L. *The mushroom at the end of the world*: on the possibility of life in capitalist ruins. Princeton: Princeton University Press, 2015.

_____. *O cogumelo no fim do mundo*: sobre as possibilidades de vida nas ruínas do capitalismo. São Paulo: N-1 Ed., 2022.

REFERÊNCIAS **129**

VIVEIROS DE CASTRO, Eduardo. Os pronomes cosmológicos e o perspectivismo ameríndio. *Mana*, v. 2, n. 2, p. 115-144, out. 1996.

_____. O nativo relativo. *Mana*, v. 8, n. 1, p. 113-148, abr. 2002.

_____. On models and examples: engineers and bricoleurs in the Anthropocene. *Current Anthropology*, v. 60, p. 296-308, ago. 2019. (Supplemento 20).

VOGEL, Rick. Paradigms revisited: towards a practice-based approach. *Review of Contemporary Philosophy*, n. 11, p. 34-41, 2012.

WALLACE, Jeff. Literature and posthumanism. *Literature Compass*, v. 7, n. 8, p. 692-701, 2010.

WARREN, Louis S. Animal visions: rethinking the history of the human future. *Environmental History*, v. 16, p. 413-417, jul. 2011.

WEISMAN, Alan. *O mundo sem nós*. São Paulo: Planeta, 2007.

WEMELSFELDER, Françoise. Investigating the animal's point of view: an enquiry into a subject-based method of measurement in the field of animal welfare. In: DOL, Marcel et al. (Org.). *Animal Consciousness and Animal Ethics:* perspectives from the Netherlands. Assen: Van Gorcum, 1997.

WHITE, Hayden. Foucault's discourse: the historiography of anti-humanism. In: _____. *The content of the form*. Baltimore: Johns Hopkins University Press, 1987, p. 104-141.

_____. *The practical past*. Evanston, IL: Northwestern University Press, 2014.

_____. O passado prático. *ArtCultura*, v. 20, n. 37, p. 9-19, 2018. Disponível em: <https://doi.org/10.14393/artc-v20-n37-2018-47235>. Acesso em: ago. 2020.

WILLIS, David. *Dorsality:* thinking back through technology and politics. Minneapolis: University of Minnesota Press, 2008.

WIŚNIEWSKI, Tomasz. Towards the post-secular historical consciousness. *Prace Kulturoznawcze*, v. 21, n. 1, p. 79-94, 2017.

WITMORE, Christopher. Symmetrical archaeology: excerpts of a manifesto. *World Archaeology*, v. 39, n. 4, p. 546-562, 2007.

WOLFE, Cary. *What is posthumanism?* Minneapolis: University of Minnesota Press, 2010.

130 A HISTÓRIA PARA ALÉM DO HUMANO

_____. *Introduction to "PostHumanities"*. [S.l.]: [s.n.], [s.d.]. Disponível em: <www.upress.umn.edu/book-division/series/posthumanities>. Acesso em: 10 set. 2022.

WORSTER, Donald. The vulnerable earth: toward a planetary history. In: _____. (Org.). *The ends of the earth*: perspectives on modern environmental history. Cambridge: Cambridge University Press, 1988, p. 3-20.

ZEHNLE, Stephanie. Of leopards and lesser animals: trials and tribulations of the human-leopard murders in colonial Africa. In: NANCE, Susan (Org.). *The historical animal*. Syracuse: Syracuse University Press, 2015, p. 221-239.

ZIEGLER, Heide (Org.). *The end of postmodernism*: new directions. Stuttgart: M & P, Verlag für Wissenschaft und Forschung, 1993. (Proceedings of the First Stuttgart Seminar in Cultural Studies, 04. 08–18. 08. 1991).

ZUBOFF, Shoshana. *A era do capitalismo de vigilância*: a luta por um futuro humano na nova fronteira do poder. Rio de Janeiro: Intrínseca, 2021.

ZULUETA, Concepción Cortés. Nonhuman animal testimonies: a natural history in the first person? In: NANCE, Susan (Org.). *The historical animal*. Syracuse: Syracuse University Press, 2015, p. 118-130.

Índice remissivo

Agamben, Giorgio 17, 38
animismo 46, 62, 87
Ankersmit, Frank 10, 20, 43
Antropoceno 9, 14,16, 31-32, 55, 57,
62, 67-68
antropocentrismo/antropocêntrico
13-15, 17, 20, 23-26, 33, 36, 40,
58, 60-61, 63-65, 67, 69-70, 72-73,
77, 87, 93-95, 98
anti-antropocêntrico 95
não antropocêntrico 12, 15, 44,
57, 76
pós-antropocentrismo/pós-
antropocêntrico 34, 58, 61, 75
Azoulay, Ariella 53, 79

Baczko, Bronislaw 10
Badmington, Neil 16, 36, 58, 61, 63
Baratay, Éric 74, 84, 94
Benjamin, Walter 76
Bennett, Jane 29, 46, 58, 66, 87
Bird Rose, Deborah 34
Bloch, Marc 17, 36, 51, 78, 94
Braidotti, Rosi 29, 36, 40, 55, 58,
71, 75
Brooks, Neil 30
Buck-Morss, Susan 54
Burke, Peter 57
Bynum, Carolyn Walker 57

Callus, Ivan 58-59, 62

capitalismo, 24, 29-30, 80
Capra, Fritjof 32
Capurro, Rafael 63
Chakrabarty, Dipesh 8, 14, 16, 23,
29, 35, 51, 57, 67, 90-91
Charmaz, Kathy 42
Christian, David 67-68
Coole, Diana 45

Danto, Arthur C. 85
Darnton, Robert 20
Davis, Angela 43
Davis, Natalie Zemon 20
DeLanda, Manuel 47-48
Deleuze, Gilles 60, 63
Derrida, Jacques 12, 52, 60-61, 63
desumanização 24
Domańska, Ewa 9-20, 27, 31, 45, 53,
76, 83-84

eurocentrismo/eurocêntrico/
eurocêntrica 13, 17, 24, 31, 33,
71, 78
pós-eurocêntrico 78-79

Fanon, Franz 61, 63
Foltz, Richard D. 66-67
Foote, Nicola 92-93
Foucault, Michel 12, 61, 63
Freud, Sigmund 63
Frost, Samantha 45

132 A HISTÓRIA PARA ALÉM DO HUMANO

Fudge, Erica 71-73, 78, 81, 93-94, 99
Fukuyama, Francis 60
futuro 11, 13, 16, 18, 21, 23, 25, 30-31, 34-35, 37, 50-52, 60, 66, 70-72, 75-76, 78-80, 89, 96, 98-99

Gallie, W. B. 85
Geertz, Clifford 12, 83, 85
Geremek, Bronislaw 10
Gibbons, Alison 30
Guattari, Félix 63
Guba, Egon G. 51
Gunnels, Charles W. 92, 93

Hall, Matthew 99
Haraway, Donna 29,40, 43-44, 58-59, 61, 75, 94
Hayles, Katherine 58, 66
Hegel, Georg Wilhelm Friedrich 27
Heidegger, Martin 27
Herbrechter, Stefan 55, 58-59, 62
historicização/historicismo/historicidade 11-12, 15, 23, 25, 38, 77, 81, 90-92
    anti-historicismo 77
    desistoricizar 27
Hodder, Ian 48
Holocausto 17-20, 47
Humanidades
    Humanidades afirmativas 19, 76
    Humanidades ecológicas/Bio-humanidades 10-11, 19, 49, 55, 74, 77
    Humanidades emancipatórias/insurgentes/militantes 13, 33
    Necro-humanidades 19, 35
    Pós-humanidades, Humanidades não/pós-antropocêntricas 10, 12, 15, 29, 44-45, 49, 55-56, 59-63, 71, 74-75, 77
Hunt, Lynn 57

Indigenização
    cosmologias/conhecimentos indígenas 13, 24, 39, 76, 86-87
Ingold, Tim 29, 40, 87

Jameson, Fredric 37
justiça/injustiça 24, 41-42, 45, 67

Kac, Eduardo 44
Kean, Hilda 73-74, 84
Kieniewicz, Jan 70-72
Kuhn, Thomas 38-39, 53
Kula, Witold 10

LaCapra, Dominick 57, 64-65
Lakatos, Imre 39-40, 70, 95
Latour, Bruno 17, 26, 29, 32, 36, 40, 47-49, 58-59, 61, 75, 87-88
Le Roy Ladurie, Emmanuel 20, 69, 71-72
Lenton, Timothy M. 32
Lincoln, Yvonna S. 42, 51
Lorde, Audre 25

Malabou, Catherine 26-27
Malinowski, Bronislaw 82-83
Mignolo, Walter 29, 91
Mihesuah, Devon 30
Mink, Louis O. 85
Moraru, Christian 30, 35

Nance, Susan 85, 92
Nandy, Ashis 26, 90-91
Nietzsche, Friedrich 63
novo materialismo 27, 36, 43, 46, 92

Olsen, Bjørnar 48, 84

paradigma 14-16, 19, 24, 29-35, 37-39, 41-42, 44-46, 49, 53, 56, 65-66, 75, 89, 94-95
Partner, Nancy 57

ÍNDICE REMISSIVO **133**

Peirce, Charles Sanders 97-98
Pickering, Andrew 16, 44
Pierotti, Raymond 47
Pistorius, Oscar 43
Pomian, Krzysztof 10
pós-colonial/decolonial 11, 16, 25-27, 67, 77
pós-humanismo 9, 15-16, 36, 40, 44-55-59, 61-64, 66, 6971, 75-80, 87, 94-95
Prigogine, Ilya 33
Przeworski, Adam 10

Robb, John 88
Robin, Libby 34, 68
Rorty, Richard 27, 33-34, 50
Roth, Michael 57
Roth, Paul A. 8
Rull, Valetí 28

Sandoval, Chela 42-43, 46-47
Savage-Rumbaugh, Sue 98
Scharmer, Claus Otto 78-79
Schlegel, Karl Wilhelm Friedrich 79
secularismo/pós-secularismo 13, 26, 33, 76-77
Serres, Michel 44, 58
Shaw, David Gary 8, 94
Short, T. L. 97
Singer, Peter 64
Smail, Daniel Lord 67-68, 74
Snow, C. P. 61
Sosa, Ernest 86

Spiegel, Gabrielle 57, 65-66
Spier, Fred 67-68
Steffen, Will 68
Stengers, Isabelle 33
Swart, Sandra 73, 84, 97, 98

Topolski, Jerzy 10
Torpey, John 37
Toth, Josh 30
Tozzi Thompson, Verónica 7, 28, 52
transculturalismo 35, 62
Tsing, Anna 29, 99

utopia, 13, 76

van den Akker, Robin 30
Vermeulen, Timotheus 30
Viveiros de Castro, Eduardo 7, 13, 29, 32, 86
Vogel, Rick 56, 57

White, Hayden 8-10, 12-13, 16, 20, 36, 52, 63
White, Morton 85
Wildcat, Daniel 47
Wilson, Angela 30
Witmore, Christopher L. 48, 84
Wolfe, Cary 16, 36, 40, 44, 55, 58, 66, 70-71, 73, 75, 94-95

Zehnle, Stephanie 92
Zuboff, Shoshana 24
Zulueta, Concepción Cortés 84-85

Impressão e Acabamento:
GRÁFICA E EDITORA CRUZADO.